오늘, 나에게 공감

오늘, 나에게 공감

초판 1쇄 인쇄 _ 2021년 6월 10일
초판 1쇄 발행 _ 2021년 6월 15일

지은이 _ 권부귀

펴낸곳 _ 바이북스
펴낸이 _ 윤옥초
책임 편집 _ 김태윤
책임 디자인 _ 이민영

ISBN _ 979-11-5877-244-4 03190

등록 _ 2005. 7. 12 | 제 313-2005-000148호

서울시 영등포구 선유로49길 23 아이에스비즈타워2차 1005호
편집 02)333-0812 | **마케팅** 02)333-9918 | **팩스** 02)333-9960
이메일 postmaster@bybooks.co.kr
홈페이지 www.bybooks.co.kr

책값은 뒤표지에 있습니다.
책으로 아름다운 세상을 만듭니다. — 바이북스

미래를 함께 꿈꿀 작가님의 참신한 아이디어나 원고를 기다립니다.
이메일로 접수한 원고는 검토 후 연락드리겠습니다.

오늘, 나에게 공감

권부귀 지음

인공지능시대가 앞당겨지면서 미래 관련 학자들은 2045년 이전의 시기에 기술 특이점을 주장한다. 기술이 무한대로 진화하는 시대를 예견하고 있는 것이다. 특히 의사, 변호사, 약사, 교사, 금융업 종사자 등 전문적일수록 직업에 영향을 받게 된다. 많은 법률문제의 경우 얼마간의 작업으로 데이터가 축적되고 자가학습되면 인공지능이 사람들의 능력보다 월등히, 수월히, 정확히 처리할 수 있는 능력을 인정받게 되는 것이다. 이러한 IT정보 시스템을 우리는 거부할 수 없다. 이젠 억만장자가 아니라 인공지능을 앞서 이끄는 구글, 페이스북, 애플, 마이크로소프트 등 AI기업이 미래를 예측하면서 조만장자로 빠르게 올라서고 있다. 우리는 이 시대에 어떻게 살아야 하는가? 과제가 주어진 것이다.

인공지능은 지식과 기술을 다루는 전문직을 앞지를 수 있지만 지혜는 사람의 능력을 따를 수 없다. 이 시대에 맞는 나를 어떻게 성장시킬까? 더불어 살아가는 삶의 모습은 어디에서 찾을 것인가? 이러한 것을 고민하는 시대맞춤형의 삶을 생각하게 한다.

예를 들면 실리콘벨리의 CEO의 자녀들은 오히려 아날로그식 교육제도를 실시하고 있다. 파워포인트 대신 종이책을 사용하며, 무선

신호가 잡히지 않는 교실에서 공부를 하게 한다. 이는 무엇을 의미하는가. IT시대에 맞는 인물을 키우기 위한 교육정책을 실시하고 있다는 것이다. 한마디로 인공지능 IT기기를 이끌 수 있는 창조적인 인재를 육성하는 데 목적이 있다.

　어려운 일을 인공지능에게 맡기고, 사람은 사람만이 할 수 있는 일에 집중하게 한다. 인성을 기르는 교육을 강조한다. 더불어 사는 사회인으로 키운다. 삶의 아름다움을 미리 보게 한다. 사람만이 가지는 공감을 나누게 한다. 왜냐하면 만물의 영장이라는 사람이 기기에 끌려가는 일은 옳지 않지만 미래는 빠른 속도로 인공지능에 편입되어 갈 수밖에 없기 때문이다. 그러나 인류는 편리함만 이용한다. 인공지능에 좌지우지 되어서는 아니 된다. 나는 암 치유를 위해 산을 다녔다. 1,000개의 정상을 밟았다. 무의식으로 다닌 산은 건강을 주었다. 인공지능과 비교되지 않는 삶의 모습이다.

　인공지능이 아무리 인간사회를 지배한다 하더라도 사람의 파워는 인공지능을 이용할 뿐이라는 것에 있다. 옛날에는 말(馬)이 이동수단이었다. 교통이 발달되면서 일하는 말이 아니라 서러브레드처럼 경마 경기에 이용된다. 인공지능의 시대는 사람이 일을 덜 한다. 진화되는 기술은 사람의 일상을 편하게 하는 이점이 있다. 그러나 즐거움과 행복감은 사람과 사람, 인간과 사물 등 관계가 함께한 결과이다. 웃고 울고, 나누고 사랑하는 일이 사람만의 특권이기 때문이다.

SF영화 속의 주인공은 로봇이 될 수 있다. 하지만 우리가 살고 있는 이곳에서는 우리가 주인공이다. 유명한 글로벌 IT회사의 혜택들을 즐기며 너와 나, 우리는 무엇에 삶의 목적을 두는가에 초점을 맞춰야 한다. 게으름을 권장하는 것은 아니다. 시대변천에 따라갈 수 있는 능력을 강화하지만 진정 나를 찾는 일을 소홀히 하지 않아야 한다.

공간을 공감하는 일은 나를 찾는 일이다. 이웃과 사회를 함께 공유하며 즐겁게 소풍가는 기분으로 나의 존재를 찾아가는 일이다. 존재의 가치를 찾아가는 과정에서의 노력과 애쓴 작은 일들이 모이니 삶의 윤활유가 된다. 인공지능의 일처리 능력이 사람의 지혜를 넘어선다 하더라도 우리 사회는 사람의 것이다. 사람이 바로 최고의 경지이다. 최고의 경지에 이른 사람은 주어진 삶을 나와 가족, 이웃과 사회라는 공유의 삶을 인식하고 자기의 삶의 공간에서 이웃과 공감하며 사랑을 나누며 산다.

이 책에서 잘 논 나의 이야기를 독자들과 나누려고 한다. 우리 모두가 놀면서 성장하기를, 놀면서 공부하기를, 놀면서 돈을 벌기를 바란다. 그 이야기를 적었으나 놀면서 하다 보니 완벽하지는 않다. 완벽하기를 바라는 건 욕심이다. 부족함을 인정하고 조금씩 성장해 가는 모습으로 변화하고자 노력했다. 잘 놀고 나니 직업이 되었고, 산에 열심히 다니니 산쟁이가 되었다. 글을 열심히 쓰니 두 권의 책을 출간하게 되었다. 사진을 열심히 찍으니 영상에 관련한 일을 하고 있다. 여행을 열심히 하고 나니 여행 가이드를 할 수 있는 투어꾼이 되어 있었다. 성장하는 삶으로 변화하고 싶다. 잘 노는 일이 곧 하고자 하는 일로 발전하기를 바란다.

　일상은 바쁜 업무의 연속이다. 우리는 늘 다음에 산에 가야지, 이번엔 꼭 여행 가야지, 책도 좀 읽어야 하는데, 다이어트 해야지 하고 늘 미루게 된다. 하지만 하고 싶은 일, 버킷리스트에 담아둔 일은 미루지 말자. 미룸은 내일이라는 유혹에 쉽게 넘어가기 때문이다.
　나에게 주어진 시간과 공간 속에서 즐겁게 신나게 즐기듯이 최선을 다하면, 어느 정도 시간이 지나면 성장되어 있다. 물의 흔적은 없지만 식물이 자라듯이, 부지런히 살다보면 변한 내 모습이 눈에 들어온다.

　"미루지 말고, 하고 싶은 일을 즐기면서 다하고 살자."

차
례

chapter1

암과 산

chapter2

도서관 이야기

chapter5

여행의 힘

chapter6

꿈의 공간

chapter 1

암
과
산

암 판정을 받았다. 암(癌)의 원인은 무엇인가. 여러 이유 중 특히 스트레스와 먹거리이다. 사람은 누구나 스트레스를 받지만 받은 스트레스를 바로 날려버리기는 쉽지 않다.

이런 유머가 있다. 죽은 사람끼리 둘러 앉아 박장대소하고 있다. 이구동성 "이렇게 다 죽을 걸 살았던 꼬라지가 우습다." 편하게 살걸. 아등바등하며 살아온 삶에 대한 후회의 아쉬움이 배어나는 이야기이다. 공감되는 말이다. 스트레스를 실컷 받고 지난 후 왜 그랬지 통탄한다.

의사는 환자의 이야기를 자세히 듣고 정밀검사를 한 후 병명이 나타나지 않으면 신경성으로 병명을 돌린다.

"운동 열심히 하고 스트레스 받지 마셔요. 다른 처방 없습니다."

의사의 신경성 병명을 돌리기 전, 우리는 스스로 건강을 소홀히 하지 않는 처방이 필요하다. 어떤 이유로 암이 자라고 있었을까. 스트레스와 과로, 잘못된 식습관이 원인이었다고 자가 진단을 내린다. 병들게 한 몸을 치유해야 하고 책임져야 한다. 누구에게 넘길 문제가 아니다. 스스로 치유의 길을 걸어야 한다. 어떻게 치료해야 하나, 약에만 의존해야 하는가, 여러 치유의 방법을 시도해 본다.

암으로 고생하는 사람을 만나게 되면 산을 적극 추천한다. 한두 번으로 다녀오는 게 아니라 꾸준히 몸이 좋아질 때까지 친하게 지내기를 입이 닳도록 얘기한다.

긍정적인 마인드도 한 몫을 한다. 이것쯤이야 하는 마음도 중요하다.

'안 되겠지'라는 약한 마음은 몸이 먼저 알고 이기지 못하게 한다. 일을 처리함에 있어서 마음먹기에 달렸음을 많이 경험한다. 불안보다 할 수 있다는 긍정의 마인드는 일처리에 있어서도 부정보다 훨씬 능력이 월등함을 알 수 있다.

암이 현대의학으로 완전 퇴치될 때까지는 암이 우리 몸에 발병하지 않게 힘쓴다. 조기의 검진도 중요하다. 미리 몸이 좋아하는 일을 찾아한다. 운동과 먹거리 선별이다. 만병의 근원인 스트레스는 덜 받으려고 노력하고, 빨리 해소해야 한다.

해소방법으로는 각자의 몸이 요구하는 소리를 잘 들어준다. 무리한 육체의 노동은 몸을 쉬게 한다. 정신에서 오는 마음병은 운동과 여행으로 마음을 쉬게 한다.

면역력이 약한 사람은 몸을 보호하는 노력을 하지만 자체적으로 면역을 강화하지 않으면 병을 얻게 되며 고생하게 된다. 이러한 상황이 오면 너무 암담하다.

주위에 수술로 완쾌되는 사람과, 치유되지 못한 사람들을 많이 보았다. 암으로 삶의 귀중함을 놓치는 일이 없어야 한다. 우리는 의료의 발달로 암이 완전 치료되는 약이 개발되기를 바란다 암이 퇴치하는 그 날까지 우리는 건강을 잘 지키는 일이 우선이다. 암 판정 후, 나는 산에서 신나게 놀았다. 그래서 완치의 복을 받았다.

암과 함께 1,000회 등반

산을 찾는 연령대는 다양하다. 주말이면 부모님을 따라 산을 오르는 어린이. 신입사원들의 극기 훈련으로 산행하고 있는 모습, 특히 주말에는 많은 사람들 남녀노소 할 것 없이 산을 찾는 사람이 증가하고 있다.

산행의 차별적 성향을 볼 수 있다. 신체적으로 산을 오르기 힘든 사람과 산을 좋아하지 않은 사람과 산이라면 언제든 나설 준비가 된 셋 부류로 나누게 된다.

흔히 말하는 산쟁이. 얼마간 산에 가지 않으면 컨디션이 좋지 않을 뿐 아니라 병이 날 것 같은 사람과, 일상이 바쁜 관계로 미루는 사람과, 산행 그 자체를 싫어하는 사람으로 나눈다. 무릎관절 이상으로 고통을 호소하는 사람, 올라가면 내려오는 일을 왜 하느냐 반문하는 소극적인 사람, 개인 간의 다른 성향은 호불호를 가리게 한다. 산을 썩좋아하지 않은 분류의 사람을 제외하고 비율을 따지자면 좋아하는 사람이 훨씬 더 많음을 알 수 있다.

나에게 산행은 무엇인가. 내게 살 길이었다. 건강을 위해 시작되었다. 암 재발을 막는 자생법을 찾아야 했다. 무작정 쉬면서 치료를 받는 것이 아니라 스스로 무엇이라도 하면서 치료를 겸할 때 훨씬 효과적이다. 나의 최선 치유책 선택지는 산이다. 산에서 놀자. 건강하지 않으면 무슨 소용 있으리. 삶의 가치는 "죽은 황제보다 살아 있는 미물이 더 가치 있음"을 역설한다. 육체적인 삶을 바로 세우는 일에 집중한다. 건강을 가장 우선순위에 두고, 다음에 하고 싶은 일을 하면 된다. 약과 병행한 치유법은 산이다.

산에서 잘 노니 당연 일상과 멀어지니 주부로서 집안일에 소홀해지지만 건강 회복할 때까지 가사노동을 줄였다. 산에 있는 시간만큼은 자유로워진다. 맑은 공기와 야생화. 눈에 보이는 자연과 잘 놀기만 하면 된다. 놀고 있으니 아플 이유가 없고 치유는 자동이다. 산에서 노는 일이, 치유가 되면서 건강을 얻게 되었다.

어쩌면 암으로 죽을지도 모르는 생사의 급박한 상황이지만 긍정적인 마음이 무엇보다 중요하다. 당장은 수술과 항암치료, 면역력을 키우는 일이다. 재발의 가능성을 없애는 노력을 해야 한다. 재발하지 않게 하기 위해서는 병행하는 치료에 최선을 다해야 한다.

요즈음은 요양센터 시설이 잘 되어 있어 프로그램 안에서 암 환자의 재활과 치료를 겸하지만 1990년대는 특별한 강구책 없이 가정에서 가족 도움과 환자 스스로 몸을 정상으로 만들어야 했다.

종양이 신체의 어느 부분에 있는가에 따라 치료방법이 다르다. 위암은 먹는 음식 양의 조절이 우선이다. 조금만 과식을 해도 몸은 불편함을 드러낸다. 몸 주인이 성의 없는 엇박자를 내 나쁜 쪽으로 속도를 낸다. 암세포가 자리 잡지 못하게 몸을 달래야 한다. 암을 정복하는 그날까지는 환자 스스로 노력해야 한다.

애기들이 엄마 모유를 먹을 때 있는 힘을 다하듯 산꾼들은 고지에 닿을 오르막길에서 젖 먹을 힘을 다한다. 눈썹 하나라도 덜고 가고 싶은 심정으로 한 발자국 옮기는 일이 산을 하나 옮기는 일만큼 힘듦을 말한다. 삶은 산을 오르는 산꾼들의 사는 모습과 비슷하다고 얘기한다. 삶은 편안할 때도 있지만 굴곡과 고통이 있다. 산길에서도 편안한 길을 걷기도 하지만 오르막을 치고 올라야 하는 숨 가쁨이 있다. 바윗길이 있어 직접 통과하지 못하고 우회의 길을 가야 할 때도 있다. 삶도 직선이 아니라 우회 길로 돌아가야 할 때도 있듯이.

겨울철 폭설일 때는 길이 눈에 파묻혀 길을 찾지 못한다. 체력이 강한 팀 리더는 러셀을 하게 된다. 아무도 걷지 않은 눈길, 앞장서서 걷는 자의 봉사마음과 수고이다. 눈이 쌓여 있으니 판가름이 나지 않는다. 앞장서는 사람의 위험성이 높다. 낭떠러지일 가능성이 높기 때문에 확인이 꼭 필요하다.

빙판길의 안전사고에도 조심한다. 수칙 절대엄수. 낙엽 쌓여 보이지 아니하는 빙판길에서의 조심은 필수이다. 갑자기 만나는 소나기, 계곡물이 불어 통과하기 힘든 상황에 처할 때, 기다릴 시간이 없을 때 우회로를 찾게 된다. 산행 중에 일어나는 일은 산우들과 협동작전으로 위험구간을 벗어나야 한다. 산이 허술하게 내주지는 않지만 처한 환경을 잘 대처하면 더 많은 것을 내준다. 생각지도 않은 급박한 상황이 예측불허로 일어난다. 산우님들과 함께 위험한 상황을 해결한다. 혼자가 아닌 산우님들과 나눔이 된다.

여행을 떠날 때면 항공과 숙박에 관련된 정보를 수집하고 미리 관련된 공부를 한다. 준비 없이 출발하지 않는다. 완벽하게 준비했다고 생각해도 놓치는 부분들이 있다. 산행도 마찬가지다. 산행을 해보지 않았다면, 앞선 사람들을 따라가려니 폐활량이 문제다. 호흡하는 소리는 거리가 떨어져 있는 산우들에게도 들린다. 숨이 차서 죽을 것만 같은 호흡장애 호소이다. 산행 꼴찌를 면하려니 보조운동으로 폐활량 높이는 운동을 해야 했다. 주위 권유로 스쿼시를 시작했다. 폐활량을 올리기 위한 운동으로 효과만점이다. 오르막 산행이 쉬워졌다. 그만큼 오르막의 힘듦을 누구나 겪어야 하는 산행의 과제이지만 산행을 하기 위한 준비 운동으로 결과는 좋았다.

오르막의 힘든 과정을 무사히 통과하니 1,000회 정상을 밟게 되었다. 무엇보다 건강을 찾게 되는 일석이조가 아니라 일석삼조 더 많은 삶에 영향을 얻게 되었다.

정상에 오르는 수고를 군이 해야 하는가 하는 의문을 가진다. 의문을 의문에서 끝냈다면 건강은 없었겠지만 오르막의 힘듦의 횟수가 쌓여가는 동안 건강은 회복하고 있었다. 한두 번으로는 효과를 낼 수 없으며, 시간투자의 인내를 요했다. 산을 믿고 꾸준히 같이 놀았다. 산행을 포기한다든지 게으름을 피우게 되며 삶을 포기하는 일이 된다. 계속하다 보니 큰 선물을 받았다. 치유의 건강이다. 통증이 사라지고 몸이 안전지대로 들어왔다.

산에서 머무르는 시간은 각자의 사정에 맞는 시간분배이다. 산 높이와 코스에 따라 다르지만 짧은 거리라도 오랜 시간동안 숲에서 머문다. 각자의 페이스에 맞추는 산행을 즐기면 된다. 언제나 정상에 목표를 두고 꼭 거기에는 가야 한다. 산행의 목표에 도달하지 못하면 마음이 상했다. 학생이 공부를 하지 아니하고 좋은 대학에 가려고 하면 욕심이지만, 열심히 공부하면서 좋은 대학에 가려고 하는 일은 도전이며 의지이다. 산행도 마찬가지이다. 산을 좋아하는 마음이 정상을 꼭 밟아야겠다는 의지는 자신과의 약속이 된다. 좋은 점은 정상을 밟기 위한 행위는 물론이지만 과정을 진행하다 보면 서서히 좋아지고 있음을 몸이 느끼게 된다.

산 속에서 무념이 되는 치유법을 알게 된다. 무념이 됨은 나를 쉬게 하는 시간이다. 몸이 쉬는 시간은 온갖 잡념으로 머릿속이 꼭 차 있으면 진정 쉬는 시간이 아니다. 생각 없이 몸만 움직이는 완전 치유의 시간이 된다. 치유시간의 반복이 힘이 된다. 그런 시간이 모여 건강한 육체가 만들어지고 재발의 가능성이 줄어든다.

맑은 공기는 상쾌한 기분을 만든다. 맑은 공기와 더불어 야생화들이 시선을 끈다. 온상 속의 꽃과는 비교를 거부한다. 원색컬러의 화사함에 폰 카메라는 제 기능을 다한다. 계절마다 다른 야생화는 산길의 축제 코스이다. 봄꽃은 더 소담스럽다. 얼었던 땅에서 고개를 내밀며 꽃을 피우는 전령사는 봄의 소식을 자연에서 먼저 전한다. 희망을 전한다. 몸도 봄처럼 희망을 만들어낸다. 겨울에 아팠던 사람은 봄이 되면 치유의 효과를, 여름에 아팠던 사람은 가을이 되고, 겨울이 되면 완쾌의 봄을 마주하게 된다. 최소한 사계절은 일 년이라는 시간이 필요하다. 꽃 피고 열매 맺는 시간이다. 몸 역시 짧은 시간에 답을 주지 않는다. 성의와 성실이 만들어 내는 과정이 필요하다.

1,000회의 숫자는 암 정복이라는 선물을 주었다. 산에서 먹는 밥맛은 배낭을 지고 올라온 수고의 맛이지, 공짜는 아니었다. 배낭 속의 음식은 치유의 약이 되었다. 치유 후의 1,000이라는 숫자는 그리 큰 숫자는 아니다. 산을 적당히 타지 않았다. 가고 싶으면 가고, 가기 싫으며 가지 않는 흐릿한 개념이 아니라 산에 가는 일이 우선이었다. 산 가는 시간에 다른 일을 했으면 한 분야의 성공을 했을 가능성 있지만 건강을 찾은 선물이 더 컸다.

애플의 창업자 스티브잡스는 2011녀 56세에 췌장암으로 사망한다. 병석에서 우리에게 어떻게 살아야 하는가를 조언한다. 누구도 대신 아파주지 않는다. 건강을 지키고 건강을 찾는 일은 기본이다.

"건강을 잃으면 인생 전부를 잃는다."

인류에게 더 봉사할 수 있었던 스티브잡스도 건강을 잃었기에 재능을 포기하게 됐다. 건강을 산에서 찾았다. 몸이 아프고 마음이 아픈 이들과 힘들어 쉬고 싶은 이들에게 전하고 싶다. '잠시 쉬어가십시오. 잠시 들르는 곳이 아니라 거기에서 여유를 부리면서 몇 시간이라도 머무르십시오.' 치료의 방법이 많지만 산과 함께하면서 건강을 찾았다. 산은 자연이다. 자연과 함께할 때 건강은 제자리로 돌아와 주었다.

의사는 처방전을 내게 주었지만 나는 스스로 산과 함께했다. 건강한 몸이 되었다. 주위 분들이 "어떻게 치료했어요?" 묻는다. "산이 저를 살렸어요." 대답한다. 전력을 다해 산을 탔다. 산을 통해 제2의 삶을 찾았다. 앞으로도 내 삶은 묵묵하게 산의 마음을 배신하지 아니하고 산의 품에서 마음껏 놀려 한다. 지금 몸이 아픈 사람은 시간을 내어 늘 산을 찾는 생활을 했으면 한다. 무엇보다 몸이 좋아함을 느낄 것이다. 몸이 건강한 사람도 산과 친하게 지내며 면역력이 무너지지 않는다. 산과 함께하는 생활을 여러 사람과 공유하고 싶다.

산은 치유의 공간이다. 암 치사율이 높은 20여 년 전에, 산에서 열심히 놀고 치유의 복을 받았다. 지금 건강히 잘 살고 있다. 산의 공간에서 경험으로 얻은 치유의 완쾌를 자랑한다. 자랑하지 않으면 입이 근질거린다. 늘 강조해도 시끄럽지 않다. 산을 치유의 공간으로 공감하고 싶다.

산에서 배운 가치

한 달에 한 번, 또는 매주 산을 가는 산악회원들이 있다. 산행지를 정할 때는 봄여름가을겨울 계절을 맞추며 꽃이 먼저 피는 지역을 찾아간다. 테마별 적응지를 찾기도 한다. 축제지역을 선호하기도 한다. 산악회 운영을 위해서는 45인승 좌석을 채우는 마케팅도 필요하기 때문이다. 적자로 운영할 수는 없다. 회원들의 찬조로 운영에 도움을 주지만, 원활한 운영은 참석회원이 많으면 회비로 원활하게 운영할 수 있다. 산행지 선정에 따라 비회원 산꾼들이 모인다. 지역교차로, 정보지를 보고 그룹 친구, 산 마니아들은 가고 싶은 산을 찾아 산악회에 합류한다.

근교 산행이 가능하지만 타지방의 유명한 산을 가고 싶어 한다. 장거리 운전은 쉽지 않다. 경비문제도 있지만, 이동 수단을 이용하는 수고로움이다. 산행 후 장시간 운전은 피곤함으로 졸음운전을 하는 경우이다.

30여 년 전 창원 지역에 사업성 있는 분이 아이디어를 냈다. 일거리 창출도 할 겸 세워둔 관광버스를 이용해 산 좋아하는 사람들을 모집하자. 여러 사람이니 적은 이용료를 지불하고 타지방의 유명한 산을 찾게 하자. 이렇게 산악회 버스 운행 역사가 시작됐다. 많은 사람들이 쉽게 산 갈 수 있는 방법을 만들었다. 누군가의 사업수단이, 일거리 창출과 운수사업까지 다방변의 생활에 업그레이드를 시킨 혁기적인 발상이 되었다. 봄, 가을 행락 시기 외에 산악회 버스운행으로 꾸준한 수입을 보장받을 수 있는 사업 연결 끈이 되었다. 산행에 참석하는 사람들은 거리에 따라 이삼만 원의 회비로, 가고 싶은 산을 마음대로 갈 수 있는 산행문화를 만들었다. 산악회 버스는 전국 어느 산이든 마음대로 갈 수 있는 편한 이동수단이 되었다. 건강을 지키는 운동과, 전국 명산을 쉽게 만날 수 있는 선물이 된다. 행락객이 없는 시기에 차량을 세워두지 아니하고, 움직이지 아니한 사람들을 깨우는 일에 앞장선 산악회 있음이 감사하다.

직접 장거리 왕복 운전에 산행까지 하게 되면 피곤해 졸음운전을 하게 되며, 사고의 위험도 따르게 된다. 경비도 만만치 않다. 모든 사항이 편하지 않으며 불편을 감수해야 한다.

무엇보다 원점산행이 되는 코스를 찾아야 한다. 다시 차량이 있는 장소로 돌아와야 하기 때문이다. 올라온 코스로 다시 내려오지 아니하고 반대인 코스를 선호한다. 출발지와 도착지가 다른 코스를 좋아하니 대여한 산악버스는 코스의 편리함으로 사용하게 된다.

불편한 일들을 산악회에서 저렴한 회비로 대신해 주니 당연 자가 운전으로 산을 타고 오는 번거로움보다 산악회 합류로 산행에만 집중할 수 있는 방법을 택한다. 산악회 차량이용은 산꾼들에게 더없이 좋은 이용수단이 된다.

산행 후에는 산악회에서 제공하는 뒤풀이 문화가 있다. 모든 산악회가 각기 다른 방법으로 음식을 조금씩 나눈다. 열심히 운동한 후라서 식욕이 생긴다. 준비해 온 음식을 나누어 먹기도 하고 산행지 근처 식당을 이용해 지역음식을 팔아준다. 지역농산물을 애용하게 되면 일거리 창출에 도움이 되는 상부상조의 경제의 흐름에 동참하기도 한다.

지자체에서는 지역경제 살리기 운동의 방법으로 관광객 유치에 많은 투자를 한다.

지역 농산물 판매, 특산물 개발, 계절별 자연환경을 이용하며, 바다를 끼고 있는 도시는 해산물 축제로 사람들을 모은다. 여행을 따로 가지 않아도 계절별 시기별 축제장을 자주 만나게 된다. 광양 매화축제, 보령 머드축제, 봉평 메밀꽃을 보는 여행이 된다. 산악회 버스투어로 삼천리강산 볼거리를 쉽게 보게 된다.

예를 들면 경기도 소요산을 다녀오려 한다. 창원에서 KT&S 이용한다면 왕복 약 십여만 원의 교통비가 든다. 서울역에서 소요산까지 이동시간을 계산하면서 다음에 가자 포기하게 된다. 소요산 가는 산악회 버스를 이용하게 되면 저렴한 비용으로 잘 다녀올 수 있다. 편리하며 경비가 절약되는 경제성을 따지게 된다. 교통편익을 제공받을 수 있음에 많은 고민 없이 집을 나서게 하는 좋은 방법이 된다. 언제든 시간을 내기만 하며 꼭 산행이 아니더라도 산악회 버스를 이용해 다녀올 수 있다.

가고 싶은 유명사찰, 유적지를 볼 수 있는 기회를 가진다.

가을이 오면 단풍이 좋은 내장사에 가고 싶다면 미리 계획을 잡아 둔다. 정보지를 검색해 보면 내장사로 가는 산악회가 많다. 이용하며 쉽게 가을단풍놀이를 다녀올 수 있다. 강원도 횡성 소고기를 먹으러 갈 수 있고, 강릉으로 커피를 마시러 갈 수도 있다. 지역의 볼거리를 찾아나서는 일은 각자의 선호 순위가 된다.

목적하는 바에 따라 산행을 할 수 있으며 맛집 투어도 가능하다. 관광지를 찾아 나설 수 있다. 이제는 산악회 버스로 산행만 해야 된다는 생각에서 탈출한다. 지역투어에 많은 내용을 포함시킨다. 하산지역에서 출발시간만 맞추면 상부상조가 된다. 산악회 운영에 도움주면 여행객은 편안하게 이동할 수 있다.

장거리 운전이 힘든 여행자는 더 없이 좋은 이용수단이 된다. 산악회 집행을 맡은 분들의 봉사정신은 대단하다. 낯설지 않게 배려해 준다. 산행만이 아니라 여행을 좋아하는 여행객들에게 권한다. 봉화 닭실마을에 가고 싶다. 교통편이 편하지 않지만 정보지를 유심히 살피면 그곳으로 가는 산악회 버스를 이용하여 다녀올 수 있다.

처음 산악회에 버스를 타게 되면 낯설다. 시선이 부담스럽다. 방법으로는 친구와 두 명이 같이 가면 처음의 부담은 줄어들어 편한 분위기로 적응하게 된다. 처음에는 누구나 익숙지 않다. 낯설고 부담스럽지만 서먹한 시간만 지나면 바로 회원들과 친해진다. 시간이 조금 지나고 나면 아주 오래전 친구처럼 편안해진다. 친절이 몸에 밴 집행부와 회원들은 서로 도와주려 하고, 도움을 청하면 바로 승낙한다.

얼마 전 친구가 낯선 산악회를 합류해 산행을 했다. 초보산행은 회원들에게 폐를 끼쳤지만 잘 보살펴준 덕분에 무사히 산행을 마무리했다. 하산 후 기다리는 회원들을 보니 민폐를 끼친 게 죄송했다. 다시는 산악회에 못 가겠다 하지만 그렇지는 않다. 늘 도와주며 이해타산이 없다. "언제든 또 오셔요"라며 친절을 놓치지 않는다. 불편한 점을 이야기하면 집행부에서는 수정 보완하려고 노력한다. 처음 접하는 분위기에 편하지 않는 사람들의 곳이기도 하지만, 기존 회원은 처음 오신 분 마음 다칠까봐 조심조심한다. 당시의 작은 불편함이 있지만 나중의 큰 것을 얻기에 작은 것은 그리 중요하지 않기에 묻어가게 된다.

산은 가진 전부를 주고 싶어 하는 마음이다. 산의 마음을 알고는 욕심을 부리지 않는다. 산의 마음은 누구나에게 사랑이고 도움이며 배려이다. 가치를 알고 산과 친하게 지내는 시간을 많이 가짐은 건강과 밝은 사회가 만들어진다. 자연을 사랑하는 철학자가 되어 있다.

지혜를 사랑하는 철학자는 사람의 시선을 받으며 부러움을 받는다.

전 국민이 자연철학자가 되는 그 날까지 소명의식을 가진 산꾼들은 산의 가치를 널리 전하려 한다.

산(山)은 많이 나눌수록 가치가 높아진다. 살면서 받은 상처의 치유를 산에서 받는다. 휴일이 되면 산으로 발걸음을 옮겨 본다. 직접 걸으면서 산과 나무랑 대화한다. 주고받는 대화는 생각의 기폭이 사라지고 편안함을 얻고 돌아온다. 산에게 오늘 하루. 나를 맡겨본다.

산의 생김새는 천편일률적이지 않다. 생김새가 같은 산은 하나도 없다. 생긴 모습이 다르고 자라는 식물이 다르고 나무가 다르다. 산이 주는 기운이 다르다. 불쑥 솟은 기암이 주는 에너지와 육산이 주는 에너지 다르다. 산은 가치는 사람의 성향에 따라 다르게 접근한다. 우리는 그 가치를 인정하며 부족하고 모자라는 부분을 산으로부터 배운다. 산행을 하면서 산우님들 도움도 받고 건강도 찾았다. 오히려 산을 가지 않으면 병이 생기는 산병 중증환자가 되었다. 산과 오랜 친구가 되어 친하게 지내니 건강이 찾아왔다. 삶에서 힘들고 지칠 때, 혹은 몸에서 이상 신호가 올 때 산에게 나를 맡기게 되면 절반 이상의 치유의 경험을 얻게 된다. 경험으로 통한 산의 가치는 나의 삶에서 1호로 지정하는 행운을 누린다.

친구와 통화를 하면 우울증 걸릴 거 같다고 하소연한다. 코로나19 팬데믹 상황에서 일어나는 심적인 고통들을 호소한다.

"산을 이용하자. 숲에서 머무르는 시간을 늘여라." 친구와 공감의 이야기를 나눈다.

친구는 맞장구를 친다. 도심보다, 관광지보다 산이 지금은 우리들의 휴식처임을 안다. 주중보다 일요일에 많은 사람들을 근교 산에서 만날 수 있다. 산은 우리들이 잘 놀이 공간이기도 하지만, 무엇보다 건강까지 책임지는 힐링 공간이다. 생활의 지친 몸과 마음을 산이라는 공간에서 힐링한다.

산에게 물려준 가치

참으로 부부는 묘한 신비감을 가지고 산다. 사랑으로 살아가는 부부도 있지만, 미운 정 고운 정으로 살아가는 부부도 있다. 이중에 몇몇 남편들은 가정을 등한시해 지탄받을 일을 한다. 아내도 마찬가지이다. 책임과 의무를 다하지 못하면서 자신의 권리주장만 한 까닭에 가정의 평화를 깨는 슬픈 일을 만들기도 한다. 각자 몫의 중요성을 서로 미루고 상대의 탓으로 돌리다 부부 간의 갈등이 일어난다. 이러한 과정들을 몇 차례 겪고 나면 관계의 이해도가 높아진다. 마음을 비운 덕분에 틀렸다는 생각보다 그럴 수도 있겠다고 상대방을 이해하며 받아들이는 자세로 바뀐다. 불편한 마음은 편안한 마음으로 내려놓는 법을 배우게 된다. 이런 면에서 나이 들었다는 게 나쁜 것만 아니다. 좋은 점도 있다. 남편을 이해하게 된다. 이해하지 못할 것이 없다는 스스로 위안을 키우는 마음의 여유가 생긴다.

나이 드니 일상의 이해도는 높아지지만 신체의 기능은 점점 떨어지는 반대의 현상이 나타난다. 먼저 기억력이 도태되는 슬픈 사실이 싫어지고 돋보기도 써야 한다. 일상생활이 소심해진다.

처음 직장에서도 마찬가지이다. 부모의 사랑만 받고 자랐으니 당연 사회초년생에게 모든 게 이해가 되지 않는 부분들이다. 가정에서만큼 이해해주고 사랑으로 보살펴주는 곳은 없다. 본인이 생각한 직장과는 완전 다른 근로조건에 힘듦을 호소한다. 이런 고생하려고 공부한 것은 아닌데 실망감으로 스스로 그 자리를 박차고 나온다.

다른 직장으로 옮겼지만 불편한 사항은 또 다른 패턴으로 힘들어진다. 그러면서 처음 직장에 대한 반성을 하게 된다. 처음 직장이 더 좋았어. 조금 더 참았어야 했는데 하는 후회는 나중에 오게 된다. 동료 간의 관계도 마찬가지이다. 동료 태도가 밉고, 눈에 든 가시처럼 고통스럽지만 직장을 그만둘 수는 없는 노릇이다. 처한 환경을 탓하지 아니하고 재미있게 직장생활을 할 수 있을까 고민하며 방법을 찾으려고 스스로에게 묻는다. 결국 스스로에게 문제가 있음을 느낀다. 직장생활을 편하게 할 수 있도록 마음의 갈등을 줄이도록 마음가짐으로 바꾼다. 불편한 심기로 갈등을 겪는 동료에게 더 잘 대해주고 항상 챙긴다. 마음을 열게 최선을 다하다 보면 서로 앙숙이던 동료는 마음을 열게 된다. 관계의 스트레스를 풀게 되고 내 편의 사람이 되어 있다. 이런 연륜은 처음부터 잘 되지 않는다.

누구든 나쁜 점만 들추면 좋을 수가 없다. 틀린 것이 아니라 다를 뿐이라고 생각을 바꾸어 본다. 남편과 동료와 이웃과 싸울 일이 훨씬 줄어든다. 여기까지 가는 동안 트러블의 과정을 겪게 된다. 희로애락 삶의 과정에서 겪은 후의 마음의 평정이다. 어른을 존경하는 이유는 삶의 경험을 가지고 있음이다.

산을 어느 정도 타고 나니 게으름이 난다. 꼭 가야 하나, 가지 않아도 된다는 미지근함. 늘 그 자리에 있다. 오늘 못 가면 내일 가면 되지 하는 안일함이다. 산도 지구 존재만큼 자리지킴이 영원하기에 다음에 가도 된다는 마음. 공기와 마찬가지로 중요함을 알지만 다른 곳으로 관심을 돌린다. 건강을 찾으니 가족의 정성을 잠깐 잊듯이. 이제는 가끔씩 산에 가자. 다른 놀이문화와 취미생활의 강좌가 수없이 많은데 꼭 힘든 산행을 해야 하나 의문을 가지면서 교만해진다.

그러다가 Why로 묻게 된다. 중요한 일에 게으름을 피웠구나. 정신을 차리고 산에 가는 일에 나태해진 마음 추스르고 다시 산을 찾는다. 산은 엄마의 품속 같다. 돌아가는 귀향지가 된다. 건강을 찾고 다른 일들이 밀려오면 잠시 산을 잊기도 하지만 다시 찾아가는 유일한 곳이다.

산은 밖에서 보게 되면 높낮이가 다른 언덕일 뿐이지만, 안으로 들어가서 직접 보게 되면 자연의 보고이다. 나무와 숲이 있고 여러 종류의 미생물이 살고 있으며 계절마다 다른 야생화가 피며 새소리에 귀 기울이게 되며 열매를 주며 수없이 많은 자원을 가지고 있는 종합선물세트이다. 공기와 물처럼 산은 사람들에게 아무런 대가없이 주는 선물이다. 산은 산악인들의 정복의 곳이 아니라 같이 어울려져 가는 삶의 쉼터이다. 산은 눈에 보이는 것만이 다는 아니라 우리가 흔히 말하는 기운, 에너지를 느끼는 곳이다.

현대인은 바쁘다는 말을 달고 산다. 사람들은 산업의 시대로 변화되어 가는 과정에서 삶의 방식이 많이 바뀌었다. 병원을 가보면 환자들이 너무 많다. 스트레스를 받게 되고 불규칙적인 식사와 패스트푸드 음식으로 몸은 서서히 망가지고 있음이다. 100세 시대라는 의료기술의 발전했으나 스스로 몸을 챙기지 않으면 망가지는 일은 시간문제이다.

3명 중 1명이 암이 발병하는 추세이다. 유전적인 확률을 가지고 있지만 몸 관리를 잘못해 병을 얻게 된다. 발병 후는 몇 배의 수고와 통증과 경제적 파탄을 불려오게 된다. 낙천적으로 스트레스를 잘 받지 않는 성격은 복이 된다. 어쩔 수 없이 스트레스를 받게 되면 빨리 날려버려야 한다. 만병의 근원을 꼭 가지고 다닐 이유는 더더욱 없다. 사람이고 보니 어떤 문제에, 관계에 고민하게 되고 해결되지 않은 부분에 대해서는 끝까지 해결하려고 고집을 부리게 된다. 별 도움이 되지 않은 고민은 빨리 정리하는 게 몸과 정신건강에 피해를 주지 않는다.

시간이 너무 빠르다는 말을 한다. 하지만 24시간이 적은 시간은 아니다. 건강을 위한 시간 할애방법은 여러 가지이다. 매일 1-2시간을 동네 야산에서 운동을 하는 방법과 매주 한번은 풍경 좋은 곳으로 차를 타고 좀 멀리 떨어져 있는 산을 찾는 일도 건강을 챙기는 시간이 된다. 시간이 없으니까 다음에 시간 나면 가야지 하고 미루게 되면 늘 미루어진다. 오늘은 모임이 있으니 내일부터 하자고 미루지 말고 이번 주말에는 등산화 신고 출발해본다.

등산을 하는 것은 다른 취미생활보다 경제적인 부담이 덜하다. 근교 산행도 있지만 약간의 장거리 산행은 산악회 버스를 이용하며 비싸지 않은 회비로 다녀올 수 있다. 힘든 산행을 못하는 체력이며 하산하는 반대방향에서 여유를 즐기며 된다. 산에서 맑은 공기랑 친구하면서 독서도 가능하지만 자연과 즐기면 된다. 높은 산은 오르기에 힘들지만 끝까지 정상을 오르다보면 땀이 범벅이지만 쾌감을 느낄 수 있고 체력은 강화된다. 무엇보다 면역력 높이며 병에 대한 저항력을 향상시키는 좋은 방법이다. 코로나19 팬데믹의 면역력 강화 방법이 된다.

풀과 꽃과 자연만이 있는 곳에 쓰레기를 버리고 가는 사람이 있다. 음식물은 그나마 썩지만 플라스틱, 일회용품, 소주병, 막걸리병 그 외에는 비닐은 썩지 않는다. 수거해 가는 마음 씁쓸이는 당연 다음 사람들이 쾌적한 산행을 즐길 수 있게 한다. 산의 가치를 알고 우리는 고마움으로 즐기며 아무런 요구를 하지 않는다. 발자국 표시도 없이 다녀감이다. 다음 세대도 우리와 마찬가지로 그곳이 쉼터가 되게 하기 위해 우리는 잘 쓰고 훼손되지 않게 해야 한다.

훼손되지 않은 범위 내에서 산의 관리는 관광객 유치, 일거리 창출, 지역 볼거리 테마로, 자원이 부족한 나라에서 할 수 있는 경제 살리기의 한 방법이 된다. 문득 이런 생각이 났다. 먼저 산의 가치를 지금보다 더 높이는 일에 앞장서는 선구자를 만나는 일. 청년실업을 고민 할 것이 아니라 이들을 임업관리사로 양성시켜 선진국 사례를 공부하게 하며 우리나라 임업관리에 일거리를 주면 어떨까. 조선시대 성균관처 럼 학문연구 외에도 산림연구소를 두어 우리나라 토질에 맞는 나무 키움도 미래의 자원이 된다.

프랑스 부르고뉴 여행에서 오크통을 만드는 과정을 보았다. 참나무 의 자질로 오크통의 장점을 양껏 발휘하는 나무의 자원은 와이너리에 서 최고의 인기를 얻고 있다. 플라스틱이나 다른 재료보다 높은 발효 도로 맛을 내는 용기가 되고 있다. 생활에서 나무가 쓰이는 활용도는 무한이다. 산은 우리에게 필요한 나무를 제공해 주며, 숲으로 맑은 공 기를 생성시켜 준다. 자연의 먹이사슬이 일어나는 곳이다. 동물이 서 식하는 곳이다. 산은 자연의 보고가 된다. 산과 사람은 불가분의 관계 에 속해 있다. 숲이 사람에게 주는 혜택 중에서 최고는 현대인들에게 힐링지가 된다는 것이다. 매연 없는 맑은 공기에서 쉴 수 있는 최적의 공간을 내어주기 때문이다.

산은 나눔의 공간이다. 네가 어떻게 해주었는데, 유난 떨지 않는다. 자만하지도 않고 대가없이 주기만 한다. 산에게 물려줄 가치는 애용하 는 자세이다. 산행을 하다보면 가끔 쓰레기봉투를 준비해 쓰레기 줍는 산쟁이를 만나게 된다. 작은 일인 듯하지만 산 사랑하는 마음이 언제나 우리에게 주려고만 하는 산을 닮은 모습이다. 산의 마음을 배우기가 쉽 지 않지만 산에 머물러 있는 동안, 그 시간만이라도 산 마음이 된다.

산꾼들은 해외트레킹을 하고 싶어 한다. 세계 곳곳의 명산들이 얼마나 많은가. 이름난 산을 다녀오면 뿌듯한 보람이 되고, 살아가는 데 에너지가 된다. 우리도 다른 나라 산꾼들을 금수강산 우리나라 산에 불러들여 우리나라 산의 가치를 일깨워주자. 전 인류에게 우리의 산 공간을 보여주자. 이는 우리나라의 자랑이 된다.

산은 여러 이유로 무한한 에너지 공간이 된다. 손으로 만져지지 아니하고 보이지 않지만 산은 힘을 모아주는 공간이다. 빡센 산행 후에는 몸이 피곤하지만 다음날은 거뜬하다. 분명한 힘의 공간임을 공감하게 된다.

산의 의미

　산의 정의로 브리태니커백과사전에서는 "언덕(hill)보다 높은 고도의 것을 산이라 한다. 주위의 지면에 대해 사면을 이루며 높게 돌출한 지형"이라고 정의되어 있다. 산에 대해 내린 정의로 봐서는 특별한 내용이 없지만, 많은 사람들은 산의 유익한 점을 내놓는다. 산은 들판과 바다의 큰 자연에서 생성되는 어느 에너지보다 뒤지지 않기 때문이다. 인력으로 만드는 전기의 힘이 아니라, 자연적으로 만들어 내는 눈에 보이지 않는 강한 에너지를 가졌기 때문이다. 우리나라는 전 국토의 70% 차지하는 산악지대이다. 면적이 넓은 나라로 여행을 가게 되면 끝없는 지평선을 보게 된다. 잡풀과 흙모래로 이루어진 끝없는 아프리카의 황폐한 대지, 프랑스와 같은 포도나무의 초록 평원, 고속도로만이 가로지른 대지의 빙대함에 기가 썩인다. 반대로 우리는 국토의 절반 이상을 산을 이루고 있다.

우리 국토의 70% 산은 무엇을 수확할 것인가. 고민해 보는 차원을 넘어서 연구하고 실천되어야 한다. 산꾼들만 찾는 산이 아니라 훼손을 덜 하는 범위 내에서 수확으로 창출이 되어야 한다. 외국인들은 우리나라 산의 적당한 높이와 맑은 공기 등 자연조건에 산행하기를 좋아한다. 유럽인들은 햇볕이 좋은 나라로 휴가를 떠난다. 일본 후지산, 네팔 히말라야산은 자국민보다 외국인이 더 많다. 우리나라 트래커들도 해외 산으로 많이 떠난다. 우리도 해외 트래커들이 우리 산을 찾게끔 해야 한다. 벤치마킹이 되어 우리나라 산으로 초대한다. 여행사, 정부, 관광청의 전문 마케팅으로 관광 상품 개발이 선호되어야 한다. 자원이 없는 나라라 일축할 것이 아니라 활용이 부족하다.

청년실업문제가 거론되고 있다. 청년의 젊은 인재를 산악 가이드로 활용해보자. 얼마 전 지리산 로터리산장에서 외국인에게 영어로 안내하는 지리산국립공원 직원을 보았다. "이 시간 이후로는 입산이 금지됩니다." 우린 젊은이를 다시 보게 되었다. 영어 몇 마디가 아니라 지리산의 품격을 보는 듯했다.

복지는 이렇게 하는 것이다. 그냥 현물로 주는 것이 아니라 돈을 벌수 있는 조건을 만들어 준다. 이런 젊은이들을 양성해 전 국토 요소요소에 세워두게 되면 우리나라를 찾은 외국인들의 편익을 제공함이 관광객 유치의 돈벌이가 된다. 규모가 큰 관광객만 유치하는 것이 아니라 작은 그룹이 모여 입소문으로 대한민국의 관광시스템을 알게 되고 불편함이 없으며 금수강산을 찾게 된다. 봉사정신을 가지고 있는 젊은 층을 활용하는 국가인력 활용의 멋진 프로젝트가 된다.

우리나라는 자식이 공부를 많이 하고 좋은 대학에 가고, 돈 많이 버는 직장에 가기를 원한다. 인공지능시대로 빠른 걸음을 옮기고 있다. 미래학자의 예측으로는 의사, 변호사, 교사, 약사 그 외의 직업들이 인공지능이 대체될 시기가 임박함을 강조하고 있다. 실제 사우디아라비의 '소피아' 로봇은 시민권을 획득했다. 인공지능을 대체할 인재도 필요하지만, 자연을 이용해 인간의 삶을 이끌 다른 직종도 필요하다. 생활의 편리함을 위해 인공지능을 이용할 뿐이다.

반면에 인간의 삶은 풍부한 정서적인 감정이 필요로 하게 된다. 이 부분에는 사람들이 감당하는 자연치유사들이 필요한 시기에 맞는 직업인을 양성한다. 체육시간의 운동도 중요하지만 자연(산)과 함께하는 프로그램은 체력 향상은 물론 자연과 노는 아이의 습성이 바뀌게 된다. 앞으로 내가 하고 싶은 일, 해 보고 싶은 일이 무언가 찾게 된다. 산행으로 끝낼 것이 아니다. 청소년은 스스로 사고하는 능력을 가지게 되며 선생님과 학생간의 끝없는 대화는 밝은 미래의 발판이 된다.

종합병원의 환자 수를 보면 대체 의료보험료를 어떻게 감당하지. 환사의 대기수를 보면 의료보험 혜택자이지만 걱정이 된다. 당연 의료보험비 상승으로 개인의 부담이 증가된다. 미리 건강검진을 받아 건강상태를 체크하고 환자 수를 줄여야 한다. 동네 운동장에 가면 많은 사람들이 걷기운동을 하고 있다. 내가 건강하면 가정이 평안하며, 사회가 건강해진다. 지자체의 리드는 주민들과 함께 동네 정비사업과 비슷한 비율로 건강한 몸 만들기에 동참하며 건강한 마을이 되면서 복지와 이어진다.

동네산악회도 만들어보자. 간단한 도시락으로 장거리 산행보다 운동으로 동네 산을 타는 일은 정겹다. 운동을 하면서 주민과 교류가 된다. 한 달에 한 번 정한 날에는 동네주민들과 동네 산을 타면서 주민의 소리를 듣는다. 산행으로 동네의 이야기, 이웃집 이야기, 불편한 점 있느냐 등 살아가는 이웃 이야기를 듣는다. 불편한 점 고쳐 나갔으면 좋겠다는 의견을 듣게 된다. 해결 방법을 찾아주고 조언을 해 주는 동네 리더는 당연 인심을 사게 되고 선거전에서는 승리를 따내는 셈이다.

국토의 절반 이상이 산이다. 여기에서 경제적 가치를 얼마나 만들어 낼 것인가? 공부가 필요하다. 산과 관련된 직업은 무궁무진하다. 산 전문인, 자연사 식물학자는 다른 나라에서도 초빙해 갈 수 있는 미래의 선호 직업인이 될 수 있다.

숲의 생태를 파악한다. 곤충을 연구해 우리 몸에 단백질 제공은 가능한가, 연구해 보급한다. 먹거리를 제공하는 생산지가 된다. 나무의 생태를 연구한다. 나무의 열매는 어떤 것이 좋을까. 잣을 심고 밤을 심어 주민들이 따 먹게 한다. 외국으로부터 사들이는 수입이 줄게 된다. 나라의 이익이 된다. 무엇보다 자연과 함께하는 삶은 국민의 인성이 풍부하게 한다.

사회는 빠른 속도로 진화되고 있다. 사고가 바뀌면, 경제의 흐름도 바뀌면, 산업성도 바뀐다. 직업의 선호도도 바뀐다. 기본을 하지 못하며 전체가 흔들리게 되어 있다. 이럴 때 주려고 하는 산과 친하게 지내면서 산을 활용한다.

사랑하는 연인을 바라볼 때도 서로 떨어져 가는 모습보다 손을 잡고 가는 모습이 더 이쁘게 보인다. 바라보는 시선의 느낌은 비슷하다. 애정이 있는 모습은 보는 사람으로 하여금 기분이 좋아지게 한다. 산을 애정을 가지고 찾게 되면 당연 짝사랑을 하게 되는 병이 발병한다. 산과의 짝사랑은 치유를 하지 않아도 된다. 산병을 치유하려고 하지 않는다. 오히려 즐긴다. 산이 나에게 주는 의미는 변함없이 늘 함께 감이다. 늘 옆에 있는 고마운 존재일 뿐이다.

산은 혼자만의 것이 아니다. 여러 사람들과 공유하고 공감하는 공간이 된다. 남녀노소 누구나 건강과 직결되는 힐링의 장소로 현대인에게 꼭 필요한 공간으로 사랑 받기를 바라는 마음이다. 산은 누구에게나 선물이 되는 공간이다. 이웃과 어울리는 공간이 된다.

산(山) 친구

짝사랑하는 친구들이 많아서 늘 먼저 손을 내민다. 여행 갈래, 산에 갈래, 밥 먹을래, 등 친구들을 불러들인다. 혼밥 혼술에 익숙하지 않은 점도 있지만 혼자보다 친구들이랑 동행이 즐겁다. 전화를 해서 손을 먼저 내민다.

짝사랑도 사랑이니 누가 먼저 손을 내밀면 어떠랴. 마음이 간사해 질 때는 반대로 전화를 기다린다. 바쁜 척하고 짝사랑하는 친구들에게 관심을 덜 보이기도 한다. 그런데 이미 손가락은 폰 숫자판에 가 있다. 친구야 밥 먹자. 산에 가자. 꽃구경 가자. 이미 친구를 불러 모으기 시작한다. 마음을 먼저 친구들에게 내어 보이며 손을 내미는 짝사 랑이 혼자의 즐거움이 아니라 배가가 됨을 안다.

오직 산 좋아하는 한 가지 마음이 자석처럼 끌어당기는 힘이 된다. 한 쪽의 힘이 강하면 짝사랑이 된다. 서로 같은 마음이면 탈이 생기지 않지만 혼자의 사랑은 갈등과 상처가 되기도 한다.

동갑내기 4명의 친구를 만났다. 산에 가자 하면 모이는 친구이다. 개성이 강하지만 산이라는 매체는 만나기만 하면 반가운 친구로 만들어 주었다. 산이 아닌 다른 곳에서 인연이 만들어졌으며 어떠했을까. 산은 각기 다른 개성을 다 덮어주었다. 약 20년을 같이 산행한 친구이다. 친구들이 쉬어야 할 나이에 일 하기 시작한다. 직장을 잡았다. 생업이 먼저이니 산에 가기 위해 직장을 포기할 수 없는 일이다. 20년 지기 산 친구는 뿔뿔이 헤어졌다.

오오 통제라. 슬픈 일이다. 20년 지기 친구들을 다시 만날 때까지 새로운 산 친구를 만나야 한다. 동행할 친구를 찾아야 한다. 쉬운 일은 아니다. 약속 없이 언제나 같이 갈 친구 만남이 쉽지 않다. 20년 지기 산 친구들에 대한 그리움이다.

오랜 친구는 무엇을 먹고 싶어 하고 무엇을 좋아하는지 파악하고 있지만 새로운 친구는 성격을 파악할 때까지 시간과 정성이 필요하다. 친구를 만드는 일은 어렵다. 편안하게 밥 먹고 수다 떠는 친구도 중요하지만 여행을 같이 다니고 산을 같이 가는 목적이 같은 친구를 만나기도 쉬운 일이 아니다.

살면서 진정한 친구 한 명만 있어도 잘 살았다고 얘기하듯, 평생 같이 갈 반려자처럼 만나는 일은 전생에서 나라를 구한 보시를 할 정도의 공덕이 있어야 한다. 같이 다닌 산 친구도 직장을 잡아 일을 한다. 산 갈 형편이 되지 않음을 알고 미리 포기한다. 친구 없이 혼자 무엇을 해 낼 수 있을까. 스스로 질문해 본다.

철없는 시절 혼자 국내여행을 계획 없이 떠났다. 어둠이 내릴 때 울진에 도착한다. 처녀 적이니 숙박업소로 들어가는 일은 용기가 나지 않아 교회를 찾았다. 목사님께서 측은하게 여겨 잘 수 있는 방을 마련해 주었다.

어쩌면 처음 계획을 잡을 때부터 동네경로당이나 교회로 가서 하루 밤 묵게 해주십사 부탁을 계획하고 떠났다. 지금은 의식이 변하고 여행문화가 바뀐 사회 흐름이다. 해외 자유여행 시대가 되었지만 나의 20대는 개방되지 않은 사회의 한 단편에서 처녀가 혼자 여행하는 문화는 그리 흔하지 않는 사회였다.

혼자가 아니라 친구와 함께였다면 서로 의지하며 어려운 문제를 둘이서 나누어 해결하며 여행을 잘 마무리 하는 결과를 내었을 텐데 중도에 포기하게 되었다. 시간이 지난 지금도 그때를 생각하며 웃곤 한다. 요즈음 혼술, 혼밥이라는 트렌드처럼 혼자가 좋을 때가 있지만 둘이가 더 좋을 때가 더 많다.

꼭 필요한 산행 친구 찾는 방법을 바꿨다. 좋아하는 산 친구를 지정해 두지 않고 누구든 동행 의사만 있으면 대환영이다. 산에 갈 묻지 않고 상대 쪽에서 먼저 산에 가자면 두 말 할 필요 없이 승낙이다. 이제는 산 친구의 조건이 없다. 전에는 무엇보다 산행속도에 중점적이었다. 너무 느린 사람과 보폭 맞추다보면 산행리듬이 깨진다. 산행을 한 몸의 뻐근함이 아니라, 놀았는지 산을 타는지 몸에서 아무런 반응을 보이지 않는다.

이제는 6Km를 6시간 산행해도 좋고 3시간에 산행을 끝내도 좋다. 산에서 같이 놀 수 있는 조건이 필요하지 않다. 서로의 마음이 맞지 않으며 사이가 멀어질 수도 있지만, 사소한 감정들은 산에 마음을 묶어둔다. 부족한 부분을 산이 채워준다. 산(山) 친구의 좋은 점은 항상 변함이 없다.

사람들 모습을 자세히 보면 세상 살아가는 이야기 한 가지라도 가지고 있지 아니하는 사람이 없다. 이야기 들어주고 또닥또닥 등 두드리며 안아줌이 문제를 풀어주는 일이다. 사람보다 산이 안아주고 보듬어주는 일을 더 잘한다. 건강을 잃은 사람에게 건강을 찾아준다. 돈을 요구하지 않고, 머무르기만 하며 된다. 숲에서는 약초와 유용한 식물을 제공해 준다. 열매를 준다. 산에서 치유를 많은 사람이 경험했기 때문이다. 머무르는 여유는 나눔이 된다.

산(山)이라는 친구가 생겼다. 친구는 오랜 시간이 지나서야 친구가 됨을 알았다. 서로의 성격을 파악 후 친구를 인정하고 마음을 주기로 한다. 지나고 보니 복을 받은 셈이다.

산이라는 친구는 찾아가면 반길 뿐이다. 선상하기를 바라며 가진 에너지를 내어준다. 받을 수 있는 마음은 산과 친구 되기를 확실히 원하는 자만이 마음 친구가 된다. 변심이 없다. 무엇보다 식사시간을 즐겁게 해준다. 공기 좋은 곳에서 먹는 음식은 맛의 조화를 부리는지 맛이 일품이다.

꾸준히 찾아오는 친구를 좋아하며 사랑도 듬뿍 준다. 세상에 이런 친구가 어디 있으랴. 주는 것만 하는 산(山)친구 있음이 행운이 되었다. 친구를 자랑하는 일뿐이다. 친구가 늘어나는 일은 삶의 풍부한 선물이 되기 때문이다. 산이라는 친구를 가진 사람은 복이 많은 사람이다.

"물 좋아하는 사람 지혜롭고 산 좋아하는 사람 어질다." 산은 헤치지 않는다. 어짊이 근본이다. 산이라는 친구는 늘 그 자리에 있다. 같이 다닐 친구는 늘 변한다. 삶의 일상이 그들을 지배하니 변함은 어쩔 수 없음이다. 늘 그 자리에 있는 친구도 중요하다. 같이 다닐 친구도 중요하다. 어느 친구이든 소중함은 산의 마음이며 산이라는 친구의 마음이다.

20년 지기 산이라는 친구는 사랑받기 충분하다. 늘 그 자리에 있어주는 친구는, 산이라는 친구뿐이다. 말없이 내어주지만, 마음이 반한 일은 쉽지 않음이다.

산행을 하게 되면 온 몸에 땀이 흐른다. 몸이 좋아하는 이유가 된다. 땀으로 배출되는 몸의 나쁜 독소들이 줄어드니 몸은 당연 좋아하게 된다.

몸과 마음이 다 좋아지니 자아는 행복으로 이어진다. 행복한 삶을 은근히 즐기고 가족과 나누게 된다. 친구와 나누게 된다. 소문낸다.

"같이 가지 않을래요."

산 친구를 여러 사람에게 자랑한다. 처음 친구를 사귈 때 정성을 나누듯 산과 친하게 지내고자 할 때는 자주 찾아가야 한다. 얼마쯤 지나면 스스로 보고 싶어 찾아가게 된다. 산은 우리에게 무한한 공간을 제공한다. 산이라는 공간을 공유하고 싶은 마음이다. 산이라는 무한한 공간이 주는 선물을 공감하고 그 마음을 전하고 싶다.

chapter 2

도서관 이야기

사람마다 어디에 중요성을 두느냐에 따라 성향과 취향이 다르다. 바다를 좋아하는 사람이 있는가 하면 산을 더 좋아하는 사람이 있다. 유흥이나 놀이문화를 좋아하는 성향과 책 읽기를 좋아하는 성향이 있다. 나는 후자에 속하는 성향이니 동네마다 도서관 있음이 복이다. 온라인, 오프라인에서 도서구입도 편하지만 도서관에서 읽고 싶어 하는 책을 대여하기도 한다. 교과서 외에 다른 교재 없었던 시절과 지금과는 완전히 비교되는 시대이다. 읽고자 하는 마음만 있으면 책은 넘쳐난다. 도서관은 무궁무진한 책의 보고이며, 책을 읽기 위한 공간 활용이다. 책을 읽지 못한다는 이유는 모두 핑계다.

어느 작가님은 시골에서 마산으로 중학교를 유학 왔다. 겨울에 난방이 되지 않아 추위를 피할 수 있는 곳은 유일하게 헌 책방이었다. 책방에서 돌아가서는 교복 입은 채로 잠을 자고 다음날 학교에 갔다. 그 환경이 만들어준 책읽기는 지금의 작가가 되게 했다.

지금은 동네마다 작은 도서관이 없는 곳이 없다. 이동도서관도 한 몫을 한다. 사는 동네에서 타 도시 도서관에 있는 책을 열람 후 책 대여도 가능하다. 읽을 수 있는 환경이지만 단지 시간 없음이 핑계이다.

정년퇴임 하신 분에게 "도서관에 가셔서 책 읽는 시간을 가지셔요." 하면 "지금 나이에요?" 하고 반문한다. 책은 앞서가는 선인들의 삶이 고스란히 녹아 있다. 우리는 그 삶을 책을 통해서 알게 된다. "태양을 잃었다고 울지 마라. 눈물이 앞을 가려 별을 볼 수 없게 된다." (타고르 1861~1941) 책을 읽지 아니하고 좋은 글을 접할 수 없으면, 타고르를 어찌 알며 헤밍웨이를 어떻게 알 것인가? 우리는 책 속에서 먼저 살아본

이들의 지혜를 얻는다.

누구든 우리 집 작은 도서관을 만들어 본다. 집안 꾸미기는 저절로 된다. 인테리어 만점이다.

"사람은 책을 만들고 책은 사람을 만든다."
글귀는 모 서점의 대표 글이다.

늦었지만 조정래의 《태백산맥》을 읽었다. 50년대의 우리나라 실정을 잘 표현하고 있다. 책 읽지 않았으면 '그 시절에는 참 어려웠겠지.' 건성으로 일축했을 것이다. 해방과 전쟁에 사상문제까지 민생의 고충이 소설 속에 녹아 있다.

책은 시대를 망라하고 세상 밖으로 리드해준다. 책 읽기 좋은 시대에 산다. 스스로 게으름과 다른 일에 우선순위를 두니 시간 없다고 투덜거리게 된다.

성공하고 싶은가, 지혜롭고 싶은가, 미래를 예측하고 싶은가? 인공지능시대에 어떻게 대처할 것인가. 잘 사는 일을 책 속에서 찾는다. 지름길로 갈 수 있는 길이 보인다. 잘 살 수 있는 질문을 책을 통해서 읽고 답을 찾게 된다.

제4차 산업시대의 정보를 매스컴을 통하고, 책을 통해서 사회의 지각변동과 인공지능시대의 정보를 미리 파악한다. 어디서 그 많은 정보를 얻을 것인가. 책이다. 미래관련학자와 현장에서 뛰는 그들의 미래예측은 방향을 제시해 주는 길이 된다.

우리 동네 '지혜의 바다' 도서관

우리 동네에 '지혜의 바다'라는 도서관이 있다. 도서관 오가는 시간 절약을 위해 집에서 책을 읽으려고 하지만 집중이 잘 되지 않을 때가 있다. 차를 마셔야 하고 딱히 먹고 싶은 것도 없으면서 냉장고 문을 연다. 눈에 띄는 과일이 있으면 먹고 하자 핑계가 생긴다. 카톡으로 날아온 친구 소식에 답해야 한다. 도서관 가는 시간보다 더 많은 시간을 소비했음을 알 수 있다. 결과적으로 따지면 도서관 가서 책 읽는 시간을 할애하는 게 훨씬 효과 있다.

일요일의 도서관은 초등생과 엄마들, 중. 고, 일반인들 떠들썩하다. 조용히 책 읽는 도서관의 분위기보다 도서관 투어의 느낌이다. 책을 읽지만 휴일의 여유로운 시간을 보내는 문화공간인 듯하다. 열람실과 커피매장이 같은 공간 내에 있다. 특이한 인테리어는 놀면서 책 읽고 커피 마시며 시끄럽지 않는 범위 내에서 마주앉아 얘기도 조용히 할 수 있는 공간 활용이다. 지혜의 도서관 공간은 꽤 넓다. 천정이 높으니 공기가 정화되는 느낌이다. 한쪽에는 쿠션이 준비되어 있다. 딱딱한 의자가 불편하면 편안한 쿠션을 이용해도 된다. 주위 분들에게 방해만 되지 않는다면 잠깐 수면을 취해도 된다.

분위기가 완전히 다른 경남대표 도서관이 있다. 조용히 책을 읽고 싶으면 이곳으로 간다. 편하게 읽으려면 지혜의 바다 도서관으로 간다. 컨디션에 따라 골라서 갈 수 있는 도서관 선정이다. 도서관 평가를 하기보다 제공해 주는 점이 다르다. 책 읽는 공간은 같지만, 분위기는 다르다. 지역주민이 선택해 이용할 수 있는 선물이 된다.

책에서 얻는 지혜는 인생의 진로를 바꾼다. 책을 읽은 사람과 책을 읽지 않는 사람의 차이는 분명 있다. 처음에는 그 차이를 알지 못한다. 나이가 들고 사회인이 되면서 차이는 현저한 진로를 바꾸어준다. 책에서 얻은 간접경험을 잘 활용하여 미래의 주인이 될 수 있는 자격을 갖춰야 한다. 더 넓은 세상을 보는 시야는 가정에서는 물론 크게는 국가의 인물이 된다. 세상을 유익하게 한 노벨상을 받은 예술가, 과학자, 평화주의자 등 이들은 이미 어릴 적부터 독서로 그 역량을 키우고 있었다.

청, 장년의 미래의 힘도 독서에서 나온다. 직장생활로 바쁜 시간이지만 중요한 부분으로 일순위에 둔다. 책을 읽지 않는 직장생활과 책을 읽는 직장생활은 업무에 임하는 태도도 다르다. 일에도 열정적일 수 있다. 아이디어를 내고 말속에 지혜가 있는 언어를 사용할 때 자신의 이미지는 상승된다. 00씨 대단해. 다시 봐야겠는데. 부러워하는 시선으로 보게 된다.

문제는 빠른 결과를 보려는 욕심이다. 한 권을 읽고 인생관이 바뀌었다는 말을 듣기도 한다. 한 권을 읽고 인생관이 바뀌었으면 여러 권 읽으면 스스로는 더 성장하게 된다.

독서의 힘은 무궁무진하다. 평생 책을 놓지 않은 성공한 사람들의 모습을 보면 알 수 있다.

요즈음은 애플리케이션으로 독서를 할 수 있는 편리함이 있다. 여행 중에 무거운 책을 들고 다니지 않아도 된다. 인쇄물로 직접 읽는 것도 좋지만 형편상으로 편리한 도구를 이용함도 좋은 방법이다. 얼마 전 여행에서 비행기 결항으로 하루를 공항에서 지내게 된 일이 있었다. 이미 캐리어는 화물수속을 처리된 후인지라 읽을 책도 준비되지 않아 멍하니 가는 시간에, 앱으로 읽는 독서는 요긴했다. 기다리는 시간이 지겹지 않았다.

청년실업이 높다. 실업 상태에 있을 때 시간을 잘 활용해 독서를 우선순위로 하고 실천해보자. 하고 싶은 일, 하고자 하는 일, 창업이나 직장을 구할 때 관련되는 책을 읽자. 몇 권 읽다 보면 습관이 된다. 워렌 버핏은 지금도 하루 5-6시간 책을 읽는다. 당장은 힘들지만 미래는 자신의 것이다. 이것은 진리이다. 누구나 아예 모르면 포기하지만 조금 알면 더 알고 싶어 하는 욕구가 있다. 우리는 독서를 즐기면 스스로 대견하게 느껴져서 뿌듯할 것이다. 지혜의 바다는 늘 푸르다.

불황은 언제나 있다. 경제적 불황 극복은 물론 자신의 불황도 스스로 극복해야 한다. 정신적인 불황의 치료법의 해결책은 스스로 찾아야 한다. 제일 가까이에서 쉽게 찾을 수 있는 극복 방법이 바로 독서다. 책 속에 해답이 있다.

책을 읽다가 쿠션을 껴안고 한숨 자고 나니 책 읽는 독서꾼들이 쳐다본다. 개의치 아니하고 일어난다. 책 속의 글들이 눈으로 들어온다. 행복감이여!

책 읽는 스타일은 각자 다르다. 한 권을 끝까지 읽으면 더 없이 좋지만 바쁜 생활에서는 부분적으로 필요한 부분만 나의 것으로 만드는 독서법도 권장한다. 책을 읽는 데 어떤 규칙이 없다. 독서법에 대한 책들이 많다. 독서법을 찾기 전에 "무조건 읽어라. 읽다보면 독서법을 찾게 된다." 이게 바로 독서 권장법이다.

독서하는 대한민국의 미래는 밝다. 문화적으로 우뚝 선 대한민국은 작은 나라이지만 세계인의 이목은 집중 받게 된다. 아이의 지능개발은 장남감이 아니라 책 보는 습관이다. 인공지능의 시대에 필요한 인성인 책 읽는 즐거움을 찾아주는 것은 부모의 몫이다. 앞서가는 사람들의 독서량은 만만치 않다. 여행꾼들은 여행을 누구보다 더 하고 싶어 한다. 독서광도 마찬가지이다. 읽는 사람이 더 많이 읽고 싶어 한다. 읽지 아니하는 사람은 책에서 흥미를 찾지 못한다. 책 읽는 일이

습관이 되어야 한다.

바쁜 시간이라도 책 읽는 모임에 참석하는 방법도 권장한다. 독서 모임에는 책을 읽지 아니하며 참석에 의의가 없다. 자동적으로 읽게 되어 있다. 시간할애는 본인의 몫이다. 어디에 내 삶의 중요성을 두느냐에 삶의 진로는 바뀌게 된다.

돈을 벌고 싶은가. 독서를 권한다. 잘 살고 싶은가. 독서를 권한다. 여행을 하고 싶은가. 책은 읽은 후의 여행은 더 알게 된다. 도서관은 언제나 옆에 있다. 사고의 변화는 삶의 풍요가 된다.

책 읽는 미래는 스스로와 이웃에게 유익을 주는 일이 된다. 도서관 공간 활용은 우리들 몫이다. 동네마다 주민센터에 작은 도서관이 있다. 인터넷 서점이 발전하고 책 읽기의 환경이 좋아졌다. 우리나라는 독서력이 저조하지만 독서광들도 많다. 분명 책 읽는 중요성이 강조되는 부분이다. 책 읽는 일은 과거를 보면서 미래에 대한 힘을 키우게 되고, 불황을 이기는 힘이 된다.

육아를 하고 있는 엄마는 아이들에게 책읽기를 권장한다. AI시대에 맞는 인성과 지식, 지혜의 교육은 독서력 키우기이다. 책읽는 습관을 기르는 교육 프로그램을 활용한다.

맞벌이 부부들이 많다. 같이 읽어줄 시간이 없다고 아이에게만 책 읽기를 강요하지 말고, 책을 읽게 유도하는 방법을 모색해본다. 초등학교 정도 되면 책읽기에 시상을 걸어보는 등 다양한 수단과 방법을 발전시켜 본다. 가능한 한 부모가 책 읽는 모습을 많이 보여주고 아이들이 책 읽는 습관을 키울 때까지 시도해 본다. 우리 아이가 세상에 유익함을 주는 사람으로 키우고 싶은 게 엄마의 마음이다.

　도서관은 우리에게 성장할 수 있는 공간이다. 수 만 가지의 책이 진열되어 있다. 이 책을 활용한다. 지식을 습득하면 지혜를 깨우치기도 한다. 직접 다 다녀보지 못하는 곳도 책을 통해서 여행지의 정보를 먼저 알게 된다. 지식의 무한한 공간을 독자에게 선물한다. 도서관을 내 소유처럼 잘 이용해 본다. 이보다 더 좋을 수는 없다. 주인은 주인의식이 강하다. 오랫동안 주인으로 머무르면 분명 나는 변화된 주인 모습을 보여 줄 것이다.

·

나이가 들면서

나이 듦이 싫어지는 이유는 한두 가지가 아니다. 팽팽한 얼굴은 자취를 감추고 거울을 들여다보면 주름살투성이다. 거울을 보기 싫어지고, 화장을 하지 않으면 외출하기가 부담스럽다. 머리카락은 검정색이 흰색으로 변한다. 염색하지 않으면 더 많은 나이 티를 낸다. 무릎관절은 무리한 운동을 금한다. 어느 장소를 가도 나이 먹은 일이 소외감으로 따라다닌다. 친구들과 대화 중에 "나이는 먹어도 되지만 모습은 변하지 않으면 좋겠다" 하면 친구는 "기계도 오래 쓰면 녹 쓸고 마모된단다. 자동차 봐. 신형과 구형의 다른 점이여." 한다.

젊은 층과 교류하며 연령차를 실감한다. 나쁜 위안이지만 나이가 더 많은 연장자에게서 위안을 얻는다. 모임에서 나이 순위를 조사하다 보면 서로 언니 안 하겠다며 웃곤 한다. 우스개로 "나이 들면 입은 닫고 지갑은 열어라." 이 말은 마음 여유와 경제의 여유이다. 젊은 층에게 주는 배려인 셈이다. 절약해 빨리 자립하라는 무언의 응원인 셈이다. 연장자의 배려이다.

나이가 든다는 것은 세월의 연륜으로 폭이 넓은 아량을 가진 성품이 된다는 의미이다. 먼저 경험한 일은 나누어 준다. 어른은 살아본 일로, 먼저 경험한 일로 길잡이가 된다. 잘못된 길을 가는 사람에게 조언할 수 있어야 하고, 어디를 가든 어른답다는 말을 들어야 한다. 하지만 나이 들었다고 생색내지 않아야 한다. 마음이 청춘이라는 말은 나이든 사람들의 공감대이다. 육체는 좀 늙었지만 마음은 젊다는 것은 아직 할 의욕이 있다는 의미이다.

정신력이 약해지기 시작하면 이미 나이 듦을 자랑하는 것이 된다. 기억력이 감퇴해지면 모든 일들이 깜빡깜빡하게 된다. 젊은이들이 한 번 하게 되면 몇 번이고 반복하며 된다.

신체적, 정신적인 불상사에 거부할수록 스트레스는 더 받게 되며 오히려 우울증이 오게 된다. 약간의 무리가 있어도 열의가 있어 적극 참여하는 긍정의 마인드가 무엇보다 필요하다.

나이 듦에 일손을 놓지 아니하고 생산적인 일을 할 때 일상의 균형이 이뤄진다.

나이 드는 일이 자랑은 아니다. 사회의 흐름에 맞춘다. 옛날 내가 어떠했는데가 아니라 지금이 중요하다. 요즘 나이는 숫자에 불과하다는 말을 많이 쓴다. 나이 듦은 숫자의 부자일 뿐이다. 숫자에 마음 쓰는 동안 나의 성장을 위해 시선을 돌리자.

사회는 바쁘게 돌아가니 계층 간의 사소한 이야기들은 본인의 몫이 된다. 누구든 스스로 자신을 지키지 않으며 소외된 계층이 된다.

젊었을 때는 일터에서 부지런히 일하고, 집으로 돌아오면 집안일이 기다리고 있다. 책을 읽지 못하는 이유였다. 이제는 일에서 어느 정도 해방되었다. 책을 읽지 못할 이유가 없어졌다. 도서관을 사업장으로 여기고 열심히 집중해 본다. 다른 사람의 삶을 보면서 생각하게 되고 여러 삶의 모습들이 나에게는 길잡이가 될 수 있다. 책 읽는 즐거움으로 시간이 가는 줄 모르는 기이한 현상이 일어날 수 있다.

여행서적을 읽게 되면 여기는 가보지 못했는데 '이런 곳이 있었구나' 싶은 새로운 정보를 찾게 된다. 이런 취미는 어떨까. 좋아하는 분야로 몰입한다. 빠져나오지 못하는 전문가가 되어 있다. 오롯이 자신을 위해 살아보는 시간을 만들어 본다.

여행이 꿈이었는데 간단한 여행으로 만족을 얻지 못했다면 만족하는 여행을 실천에 옮겨본다. 환율계산, 번역, 지도보기 항공권 구매. 앱으로 예약하기 등 직접 해보는 에너지를 요하는 여행 공부를 해 본다. 국외여행은 영어를 하게 되면 편리하다. 영어공부를 시작해 본다.

베이비붐세대들은 컴퓨터의 혜택을 많이 받지 못한 시대이니 영어 공부가 하기 상당히 힘들었다. 영어사전을 직접 찾아 발음 공부하는 불편함이 있었지만 요즈음은 너무 잘 되어 있는 영어공부 도구를 이용하고자 하는 마음만 있으면 공부가 간편해졌다. 단지 기억력 쇠퇴로 몇 배의 노력이 필요한 것은 사실이다. 우리의 GNP 성장도 높은 수준에 올라섰다. 가난함이 불편한 것이 아니라, 하고자 하는 마음가짐이 중요하다. 인터넷 발달로 잘 활용하면 편리하게 쓸 수 있다. 무엇보다 영어공부하기가 좋아졌다. 예를 들면 네이버 뉴스콘텐츠로 검색하면 각 장르별 검색창이 펼쳐진다. 정보 얻기에 너무 멋지지 않은가.

세계여행이 꿈이었는데 가지 못했다면, 책을 통해서 몇 개국이라도 가본다. 욕심이 생기면 실천으로 이어질 가능성이 높아진다. 안 된다는 약한 마음으로 포기하는 것보다 끝까지 해봄이 중요하다. 나이 들었다는 사실에 끌려가면 소일거리로 시간을 보내게 된다. 수다 떠는 일은 생산적일 수 없다. 삶의 주인의 모습이 아니다. 나이 드는 일에 애석해 하고 있을 때 우리는 뛰어야 한다.

젊었을 때 수고는 지난 이야기가 된다. 남편에게 "옛날에 내가 얼마나 열심히 일했는데"라고 말 하면 남편은 "옛날에 열심히 하지 않은 사람 어디 있냐."고 핀잔을 준다. 무임승차는 하지 않아야 한다.

이은대 작가님은 성공하려면 다섯 가지를 잘 해야 한다. 역설한다.

첫째, 잠을 덜 자라.

둘째, 책을 읽고 글을 써라.

셋째, 돈을 아껴 써라.

넷째, 자신이 스스로 최고임을 강조하라.

다섯째, 남을 위해 돕고 살아라.

마음에 와 닿는 글로 눈에 잘 띄는 곳에 적어두고 매일 한 번씩 각인시킨다.

필리핀, 베트남으로 여행을 가면 젊은이, 어린이들이 눈에 많이 띈다. 우리나라가 발전한 국가로 보인다. 젊은 층의 저력을 볼 수 있으니 지금보다는 훨씬 나은 경제국으로 바뀌어 갈 것이라는 예측이 가능하다. 우리나라는 벌써부터 고령사회를 걱정하고 있다.

총인구에 65세가 차지하는 비율이 7% 이상이면 고령화 사회, 65세가 14%일 때 고령사회, 65세가 20% 이상일 때 초고령화 사회라 칭한다. 초고령화 사회를 걱정할 것이 아니라 젊은 층의 사고처럼 되지는 않지만 더 나빠지지는 않아야 한다. 꼰대라는 이야기는 듣지 않아야 한다. 스스로 자초하지 않는 나이 듦의 긍지를 가져야 한다. 나이 먹은 사실을 즐길 줄 아는 마음의 태도를 가질 필요가 꼭 있다.

현대의학의 발달과 식생활은 건강연령과 평균수명은 높아지고 있다. 건강히 사는 것이 제일 좋은 일이다. 통증이 오게 되면 사는 자체가 고통이다. 건강히 나이 먹는 일이 무엇보다 복 받은 일이다. 건강관리에 행복한 삶을 추구한다면 나이는 잊어도 된다.

노인 인력의 과부하로 늘 고민하고 국가경제의 문제로 제기하지만 국가 복지차원에서 얼마든지 60세 이상의 인력이 필요한 곳이 수없이 많다. 젊은 층의 활용과 노인인구의 활용은 경제를 더 활성화시킬 수 있는 저력을 가지고 있다. 개인적으로 나이 드는 일이 서글퍼지는 일이지만 멈추지 않은 시간을 우리는 잘 활용해야 한다. 최선을 다한 멋진 노년을 우리는 미리 구상해 나가야 한다.

"늙는 것이 아니라 익어간다"는 노래 가사처럼 노년은 나쁜 것만이 아니다. 느긋함과 여유로움으로 즐길 수 있는 시간의 주인이 되는 일이다.

가령 남은 생애 시간 20년을 생각해보자. 충분히 잘 살 수 있는 시간이다. 나이 들었다고 아무렇게 보낼 수 없는 시간이다. 아웃풋의 시간이다. 직업전선에서 해방될 수 있는 나이이다.

이때부터 자신의 삶을 구상한다. 20여 년에 내 이름에 투자를 한다. 충분한 시간이 된다.

기억력이 부족하면 부족한 대로 잘 활용한다. 누구도 도와주지 못하는 자연의 이치에 수긍하면 나에게 선물을 만들어간다. 나만의 시간은 나에게 선물이 된다.

묘비석에 쓸 내용을 고민하고 있다. 나이 드는 일에 애달픔보다 나의 성장으로 방향을 바꾸는 일이다. 조금 부족해도 위안의 시간이 된다. 나이 듦을 자랑하지 않으며 그들에게 밥이라도 한 끼 사는 여유를 가지고 싶음이다.

나이는 숫자가 아니다. 나이는 살아온 흔적이다. 언제부턴가 나이 듦으로 일성에서 밀려나는 느낌을 받았다는 걸 시니어그룹은 인정한다. 시니어는 각자 마음에서는 강인한 자기주장을 가지고 있다. 수많은 경험과 삶의 흔적으로 지혜를 가지고 있다. 나이의 공간에서 말없이 스스로를 챙기고 다독거리며 젊은이들에게 후원자로 존경받게 삶을 꾸려간다. 이는 나이 값이다. 나이를 공감하는 세대는 나이 숫자에 당당하게 살아가고 있다.

나이를 섣불리 다루면 나이의 숫자는 불어나기를 주저하지 않는다. 스스로 책임져서 잘 다스리고 가꾼다. 나이를 먹을수록 시간이 빨리 가도 너무 빨리 간다고들 한다. 그럴수록 시간을 더 지혜롭게 쓰기를 주장한다. 24시간을 48시간으로 늘이자. 나이 듦의 공간에서 함께하는 공감대를 서로 나누고 싶다.

불황은 언제나 있다

살면서 저 사람은 참 운이 좋은 사람이야. 또는 저 사람은 일만 하면 저 모양이니 운이 참 없는 사람이야 애석해 한다. 사업적인 부분에서도 듣는 말이지만 살아가는 전반적인 삶에서 흔히들 하는 얘기이다. 이유는 분명 열심히 하는데 결과가 나타나지 않을 때 대신할 수 있는 답변이 된다.

이 시기의 자영업자에게 물으면 언제나 "경기가 없어요." "힘들어요." "요즈음 같은 불경기는 없다."고들 말한다. 직장생활은 그나마 경제흐름의 굴곡을 직접 체험하지 않지만 장사를 하게 되면 직접 경기를 경험하게 된다.

위치와 투자금액의 원활함에 종목선정까지 창업이 종합예술이라 힐 만큼 다방면 지식과 경험이 필요하다. 직원도 큰 몫을 하게 된다. 아무리 좋은 위치와 원활한 마케팅이라도 소비자 마음을 움직이는 감동이 없으면 가게를 계속 운영하기 어려워진다. 식당인 경우에 맛으로 승부하며 정성을 들이지 않으면 소비자의 마음을 매출에 직접 연결시키지 못한다.

식당을 운영하는 지인의 이야기는 "무조건 싱싱한 반찬재료를 구매해 밑반찬용으로 사용한다." 이것이 바로 마케팅 방법의 한 가지이다. 식재료를 싼 야채에 덜 싱싱한 야채를 구입해 쓰다 보면 당연히 음식의 제 맛을 내지 못한다. 처음 오는 손님들은 잘 알지 못하지만 단골은 먼저 알아차린다. 손님들이 먼저 밑반찬에 주인 성의를 알아본다. 장사가 잘 되는 집은 매일 야채를 구매하니 당연 야채도 싱싱하다. 직원들 역시 친절해서 맛있는 반찬을 더 요구해도 얼굴 표정이 밝다. 불친절의 이미지는 바로 불황으로 이어지는 존폐의 위기가 된다.

불황은 언제나 있지만 극복하는 방법도 여러 가지다. 먼저 음식재료에 최선을 다한다는 마음을 손님이 알게 해야 한다. 내 가족이 먹을 것이다 생각하고 반찬 한 가지라도 신경 써야 한다. 다시국물 하나라도 진국을 만들어야 한다. 주인의 베푸는 마음을 눈치 채면 다른 손님을 모시고 온다. 구전광고를 업장의 주인들은 예사로이 여기면 안 된다. 나라 전체의 경기가 좋지 않음으로 오는 불황도 이겨야 하지만 업소의 미비한 점으로 오는 불황은 누구도 도움을 주기 어렵다. 다시 일으켜 세우는 일은 몇 배의 수고를 요한다.

창업을 할 때 신중한 선택을 하는 것은 물론이지만 시작한 일에 정성을 다해야 한다.

정성은 감동을 주는 일이다. 같은 업종의 점포가 나란히 있으면 친절하고 물건이 좋은 곳으로 가게 되어 있다. 요즈음 쇼핑몰 시대이다. 소비재 제품을 판매하는 업종도 마찬가지이다. 4차 산업시대로 갈수록 판매 저하를 부인할 수 없다. 살아남을 길을 찾아야 한다.

마트를 운영한 경험이 있다. 우리 업장 근처에 군부대가 있었다. 군부대 마트가 생겼다. 싸도 너무 싸게 판다. 면세품이니 가격을 따라잡을 수 없다. 우리 매장에서는 콜라 1캔에 오백 원이면 군부대 마트는 250원이다. 어떻게 경쟁할 것인가. 신선한 야채와 정성들인 밑반찬을 만들어 내지만 손님 자체가 오지 않는다. 경쟁할 수가 없다. 유통에는 생산자와 유통과정이 있다. 유통과정을 몇번 거치니 가격은 면세점을 따라 잡을 수 없는 현실이다. 탈출구는 군부대 마트와 조금 떨어진 위치로 이동한다. 사업장을 옮기는 게 문제가 아니라 이사한 곳에서의 매출의 예상을 가늠하지 못하니 불안을 안게 된다. 불황은 늘 기웃거리고, 항상 긴장하며 주위를 살피게 된다. 사람의 삶도 이와 같다. 경제적 불황에 건강에까지 타격이 가정에 음습하면 휘청거리며 일어나기가 쉽지 않다. 최선을 다했지만 운이라는 것인가. 불황이라고 명명하기는 너무 억울한 사정이다. 거부하지만 찾아오는 시련에 이기는 방법을 찾아야 한다.

건강도 마찬가지이다. 건강의 불황을 어떻게 대처하고 이길 것인가. 불황이 없는 곳이 없다. 쉽게 마음 놓으면 불황이라는 놈은 더 악질스럽게 군다. 대응해야 꼬리를 내린다. 우리 삶의 주인은 본인이다.

누구도 대신할 수 없다. 내 불황은 내가 이길 수 있게 나를 강하게 키워야 한다. 불황은 아무런 힘을 쓰지 못한다.

불황을 염려할 것이 아니라 내 인생에서 호황을 찾아보자.

기성세대와의 의식의 차이는 무엇으로 풀 것인가? X세대는 열렬히 수용하고 Y세대는 다른 세대를 알지 못한다. 세대 간에 서로 이해할 수 없다고 주장한다.

나와 다른 세대를 이해하려 들지 않는다. 불황을 자초하는 길이다. 앞으로의 세대에 이타적은 없을까. 우리 사회의 호황은 세대 간의 갈등이 아니라 수용이다. 의식의 변화는 나 자신에게 유익함을 준다. 사회의 호황을 선물 받는다.

개인이기주의는 불황을 부른다. 내 상황을 내 것으로만 주장하지 아니하고 나눌 때 같이 호황을 누리게 된다. 나에게 주어진 나쁜 상황들은 바꾸지 못하는 핑계일 뿐이다.

마음먹기에 따라 불황이 호황으로 바꿀 수 있다. 누구도 그 몫을 대신 할 수 없으니 결국 자신의 선택이다.

소비자 심리는 어떨까? 식당과 제품과는 다르지만 식당에서는 조금은 부족해도 친절하면 다음에는 잘 하겠지라는 믿음을 가지고 친절에 묻히곤 한다. 제품에서는 다르다. 품질이 떨어진 제품은 다시 사고 싶은 마음이 사라진다. 이처럼 소비자의 심리도 각양각색이다. 성향을 잘 파악해 정성을 다해 사업체를 운영할 때 손님은 관심을 가지고 재방문하게 된다.

모든 호황은 긍정의 본인 몫이다. 선택이다. 누구도 본인의 호황을 대신하지 못한다. 결정과 선택권은 자신이다. 불황으로 겪는 경제의 어려움, 건강을 잃은 고통, 나를 관리하지 못함에서 오는 책임감 등 모든 상황들을 스스로의 결정과 선택에서 오는 과정일 때가 있다.

불황이 닥치더라도 포기하지 않음보다 더 이상의 결론은 없다. 살면서 불황은 언제나 곁에 와 틈새를 보고 있다. 자리를 내어줄 필요는 없지만 깜빡하는 사이에 우리를 어렵게 할 때 우리는 누구보다 대처하는 마음가짐이 필요하다. 과정을 중히 여기는 일도 있지만 결과가 더 중요한 일이 있다. 불황을 결과로 만드는 일이 없어야 한다. 운이 아니라 진정성을 다하지만 인생의 자체에서 불황과 호황은 나란히 걷게 된다.

내가 세상의 주인이다. 누구도 나를 대신해 주지 않는다. 이는 세상의 진리이다.

진리를 빨리 깨닫는 자는 삶의 진정 부자가 된다. 삶의 마음부자는 누구나 부러워하는 존경심이다. 어깨를 넓게 펴고 소리를 질러보자. 밑바닥에 깔려 있는 의식이 꿈틀거리며 불황쯤 아무것도 아니다. 마음은 언제나 호황으로 이름 지어간다.

코로나19 팬데믹으로 2020년은 멈추었고 지금까지도 어쩔 수 없는 상황이 일어나고 있다. 사회적 거리두기는 문화, 경제, 교육 등 다방면에서 사회적 성장이 제걸음과 퇴보로 이어진다. 우리가 마음까지 불황으로 주저앉으면 다른 악조건들이 기성을 부리게 된다. 경제가 순환되지 않는 시기이지만 건강과 마음은 꼭 우리 스스로 지켜나가는 에너지가 필요하다. 서로 위로하며, 배려하는 마음으로 다시 정상적인 삶의 일상으로 돌아가는 일이다.

팬데믹으로 오는 불황이 빚은 불행한 이야기를 이웃과 친구와 공감한다. 항상 좋은 일만 있는 삶은 없다. 몇 번의 시행착오를 겪으면서 더 강해진다. 나누면 힘이 덜어진다. 공감하는 삶에는 힘이 보태어진다. 혼자 가는 길보다 이야기를 나누면서 같이 걷는 길은 지겹지 않다. 나눔과 공감은 우리 곁에서 같이 살아가는 사랑의 힘이 된다.

내 꿈과 함께하는 작은 도서관

우리는 과정보다 결과에 따라 사실에 중요성을 판가름하게 된다. 결과가 좋으면 당연 고생한 모든 과정들이 묻힌다. 우리가 꾸는 미래의 희망, 즉 꿈을 아무리 꾸더라고 결과가 없으면 무용지물이다. 꿈을 현실이 되기까지 무단히 많은 노력이 필요하기 때문이다. 꿈은 지금 힘든 사람에게 희망을 주는 메시지이기도 하다. 꿈마저 없다면 미미하게 반복되는 미지근한 일상의 연속이다. 가만히 있는 자에게는 꿈은 꿈일 뿐이지만, 꿈을 이루고자 하는 사람은 꿈이 희망이며 살아갈 이유이기에 최선을 다하게 된다.

신라시대 해상왕 장보고는 신분제 사회에서 차별을 받았지만 꿈을 버리지 않았다. 완도 바다에서 태어난 장보고는 당나라로 가는 배에 올랐다. 중국에 장씨 성이 많은 것을 보고 장씨로 정하고 용병으로서 최선을 다하니 승승장구하며 지휘자의 관직을 얻게 된다. 군인으로 능력을 인정받으며 장사를 통해 재력까지 얻은 장보고는 해적들에게 끌려가는 신라 사람들을 보게 된다. 재력과 포부는 신라 흥덕왕을 만나 청해진을 건설하고 바다를 장악한다. 역사의 소용돌이에 염장의 칼에 찔려 죽임을 당하지만, 장보고는 천민의 생활에서 벗어나는 도전이 이루어지는 해상왕이라는 명예를 얻게 된다.

꿈이 현실이 되지 아니하고 꿈으로 끝날 수 있다. 꾸지 않는 꿈은 시작이 있을 수 없다. 처음 산행 시작할 때 1,000개의 정상을 밟겠다는 꿈을 가졌다. 적당히 계곡에서 발 담그고 준비해 간 맛있는 음식 먹으며 힘든 산행을 하지 않았으면 1,000개의 정상에 설 수 있었을까? 산우님은 "거기 있는 정상이 어디 가냐 다음에 가자."고 한다. 그러나 지금 가지 않으면 갈 수 없다. 게으름을 피우면 더 게으름이 난다. 상반되는 두 가지 생각이 없지 않은 것은 아니다.

정상에 서는 일이 뭐 큰일이야 대수롭지 않게 여길 수 있지만 여러 가지 좋은 점들을 접어두고라도 정상에 서는 일을 목표로 정했을 때는 꿈을 가진 자의 몫이 되었다. 절박함이 있어야 한다. 이는 꿈을 이루는 하나의 과정이다. 1000개의 정상을 밟는 일이 즐겁지 아니하면 포기하게 된다. 재미없는 꿈은 오래가지 않을 뿐만 아니라 오랜 시간에 가지고 간다는 사실이 고행이 될 수 있다. 36Km를 이틀 동안 걷는다. 지리산 종주를 위해서 무거운 배낭을 메고 걷는 일은 누군가 시키면 하지 않는다. 즐거우니까 좋아하니까 불평 없이 걷는다. 꿈은 이루고자 하는 이들에게 희망이 된다.

역사에 남는 인물들을 보면 평생 오직 대의를 위해 노력한다. 자신의 욕심을 위해 꿈을 이루는 것이 아니라 백성의 고달픈 삶을 위해 생애를 바치는 이야기에 그 의미를 찾는다.

대동법이 이루어질 때까지 고수한 김육. 그는 백성들의 애환을 예사롭게 보지 아니하고 그들의 고충을 듣고 쌀로 세금을 내게 하는 제도를 만들었다. 대동법 이전의 공납제는 지역특산물을 받치는 세금이었으나 농작물은 그 해 기후에 따라 수확이 매년 다르다. 농작물의 변수는 공납 조건 미비로 그 고충은 말할 수 없다. 공납을 대행하는 방납업자의 횡포도 커진다. 김육은 이러한 세금부과 제도의 개혁을 이루고야 말겠다는 목표에 '이걸 이룰 수만 있다면 내 인생을 바쳐도 좋다'고 평생을 바쳐 이뤄냈다.

누구나 인생의 화두는 다르다. 그것을 내 인생에서 이루어보자는 소망이 삶의 길이 된다. 꿈의 작은 도서관은 언제부터인가 늘 생각하게 하는 동사가 되었다. 작은 도서관을 어떻게 마련할지 구체적인 계획은 없지만 친구에게 필요한 책을 얻기도 하지만 또는 매달 십만 원정도는 책을 산다. 아주 작은 실천이지만 책장을 채우고 있다. 다 읽지는 못하지만 장서로 책장에 꽂히고 있다. 작은 도서관을 만들고 싶다. 내가 살고 있는 지역에서 해줄 수 있는 공간대여의 쉼터이면서 공부방이다. 작은 도서관은 규모는 작지만 내가 살고 있는 동네 주민들이 집에서보다 조용하게 책을 읽고 심신의 수양지로 여기는 유일한 장소가 되길 바란다. 문화센터로 배우고자 하는 과목의 재능기부 지식인들이 나누어 주는 공간일 수도 있다.

정보화시대로 빠르게 진화되고 있다. 과연 우리는 책을 얼마나 읽을까. 이미 전자책도 편리함 때문에 많이 읽힌다. 편리하다. 여행을 하는 중에 공항에서 버스에서 마음만 있으면 얼마든지 읽을 수 있는 혜택이다. 여행 중에 비행기 연착으로 이미 짐은 다 보내고 우두커니 할 일이 없어 뭔가 해야 하는데 여권가방뿐이다. 옆 선생님이 폰에서 서재를 찾아주어 기다리는 시간에 전자책을 읽는 시간의 활용방법을 잘 썼다. 독서세계에서 도서관의 의미는 책을 읽는 곳이 도서관이다.

사람의 사고는 감성과 이성의 복합체로 사람들에게 도저히 접근할 수 없는 사람의 유일한 정신세계가 있다. 기계의 힘은 변화되고 있다. 어떻게 하지 못하는 인간의 영역을 로봇이 빅 데이터로 당신은 '이 책을 읽으셔요.' 추천해 주지 않을까. 인공지능의 AI시대이다. 기계의 발전은 향상되어 사람의 감성영역까지 AI가 접근하는 일은 사람의 고유권리를 내어줌이다. 활자로 된 책을 권하는 일은 감성을 키우는 것이다. 꿈을 키워주는 곳으로 책만 있는 곳이 아니라 어떤 에너지를 만들어 작은 도서관에 왔을 때 동화되는 감흥을 깨우는 곳이고 싶다.

누구나 가지는 꿈은 즐거움이며 행복이다. 세계여행의 꿈은 여행이 즐거우니까 여행 중의 고통은 하나의 과정으로만 보게 된다. 작은 도서관에 대한 꿈은 책을 읽으면서 꿈꾸는 과정의 행복감이다. 진행 중의 행복을 누리는 셈이다. 꼭 이루어야만 행복이 될 수 있지만 늘 마음에 품고 다니면 행복이 된다.

도서관은 인류의 모든 모습들이 녹아있는 곳이다. 책을 통해, 독서를 함으로 선구자의 발자취와 시대상을 알 수 있다. 앞서 산 사람들의 생각을 읽게 된다. 우리는 무엇을 얻고 사고할 것인가? 살아본 사람들에게서 읽고 배우는 교육의 장이 된다.

앞선 시대의 사람들을 책을 통하지 않고는 잘 알지 못한다. 책으로 소개되는 선구자 삶을 책을 통해서 정신을 배운다. 그 정신을 배워 대중에게 유익한 홍익인간의 정신을 가질 수 있다. 삶의 방향을 찾고 제시할 수 있다. 책을 통하지 않고는 당대의 이야기만 듣고 볼 수밖에 없지만 책은 활자시대의 시작부터 기록으로 앞선 삶의 진정 주인공의 이야기를 듣고 읽을 수 있는 힘의 매체가 된다.

책을 읽는 사람과 책을 덜 읽거나 잘 읽지 않는 사람과의 차이는 눈으로 볼 수 없지만 스스로 사고의 폭을 가늠하게 된다. 세계의 앞선 리더의 진정성은 책읽기이다.

어릴 때 책을 많이 읽는 이웃꼬맹이가 있었다. 책읽기 재미에 빠진 아이는 학원 다닌 학생보다 어휘력, 사고력은 고학년이 될수록 뛰어났다. 이름 있는 대학에 입학을 하게 되고 지금은 변리사 시험응시생으로 갈 길을 정하고 묵묵히 노력하는 학생이 되었다. 독서의 힘은 삶의 방향을 설정해 주는 힘을 가졌다. 독서가 삶에 미치는 영향을 우리는 알기에 도서관을 가지고 싶어 한다.

작은 도서관을 가지는 꿈을 꾸었다. 내 꿈인 작은 도서관에서 모여 책 읽고 차(茶) 마시는 지식 샘터를 만들고 싶다. 따로 카페 갈 필요성을 느끼지 못한다. 커피까지 제공할 꿈을 꾼다. 꿈은 꼭 이루어지리라는 희망이 삶의 방향이 된다.

작은 도서관은 꿈의 공간이다. 젊음이 있는 청장년에게는 꿈을 이룰 확률이 높지만, 나이든 사람들에게는 꿈이 작아지거나 없기까지 한다. 어른들은 대답한다.

"꿈요? 건강이죠."

공감한다. 꿈이 없는 사람보다 꿈이 있는 사람의 발걸음에 힘이 있다.

공감한다. 꿈이 없는 사람보다 꿈이 있는 사람의 성장하는 모습을 보게 된다.

공감한다. 꿈이 없는 사람보다 꿈이 있는 사람은 늘 즐거워하는 모습을 보게 된다.

책 읽지 않는 핑계

책 쓰는 작가들을 보면 거의 도서관에서 3년 동안 책만 읽었다. "몇천 권을 읽고 나니 책을 쓰게 되고 임계점을 넘게 되더라." 경험담을 듣게 된다.

매일 일어나는 일상적인 일들이 줄을 선다. 눈을 뜨자마자 양치질부터 머리손질 화장은 물론 아침식사 준비까지 일들이 순서를 기다린다. 하루 정해진 일정들이 빡빡하다. 직장인은 8시간 근무시간 외에 사소한 시간을 빼면 2-3시간 여유시간이다. 운동까지 하면 책 읽을 시간은 더더욱 없다. 어떻게 책 읽을 시간을 만들 수 있을까. 우리 선생님은 12시에 자고 4시에 일어나니 시간이 많아도 너무 많다 말한다. 그 방법이 최선책이려니 해 보려고 하니 실천이 문제이다. 알람을 맞추어 두고도 벨소리 듣기 싫어 얼른 끄고 10분 만 더요 하고 얼굴을 베개에 묻는다. 당연히 바쁘다는 핑계로 나중에 읽겠다고 미루게 된다. 반복되는 일상은 책 읽기를 포기하게 되고 책과 멀어지게 된다.

한라산 산행 중 한라산지킴이라는 안내 문구를 등에 달고 열심히 휴지, 페트병을 줍는 봉사자를 만났다. 산을 좋아하는 마음에 봉사자에게 말을 먼저 걸었다.

"언제 나오셔요? 요일이 정해져 있으셔요?" 물으니 "일주일에 두 번 나와요." 하신다.

일 년에 백 번은 한라산을 오른다 하신다. 오르막을 걷기만 해도 힘드는데 휴지까지 줍는 일은, 봉사하는 마음 없이는 할 수 없는 일이다. 말없이 하는 봉사자들은 제주도의 자랑, 한라산을 잘 가꾸고 있었다. 정상까지 9.6킬로, 정상에서 관음사 휴게소까지 8.7라니 초보자가 산행하기는 좀 빡센 코스이다. 이 길을 일 년에 백 번을 오르내리면 봉사를 한다. 일주일에 한라산을 두 번 오르는 횟수이다. 일주일에 한 권의 책이라도 읽기로 노력해보자. 봉사자처럼 봉사는 못하지만 일주일에 버금가는 일을 해보자. 실천되지 아니하고 작심삼일이 되고 흐지부지한 계획이 될망정, 봉사자에게서 배운 정신은 누구를 만남에 따라 일깨우는 기회가 된다.

책을 읽지만 남는 것이 없다. 나 또한 마찬가지이다. 책을 다 읽었다면서 덮어두지만 얼마 지나면 대강의 내용뿐이지 좋은 글귀나 귀감되는 문구는 전혀 생각이 나지 않는다. 〈바람과 함께 사라지다〉, 〈벤허〉, 〈레미제라블〉 같은 영화도 옛날에 봤지만 다시 보면 새롭다는 느낌을 가진다. 읽고 싶은 책을 읽었지만 기억나는 단어와 내용이 애매하다. 세 번 정도는 정리하면서 읽어야 내 것이 되면서, 책을 읽었다는 정리가 된다. 정리하고 맥락을 파악하고 서평까지 쓰면 더 좋은 방법이지만 웬만한 독서가가 아니면 읽는 데 목적을 두고 열중할 뿐이다.

힘든 책읽기이지만 읽어야 하는 이유는 앞선 사람들의 경험과 삶의 지혜가 책 속에 녹아 있기 때문이다. 어린이들에게 위인전기를 많이 읽히는 목적과 같은 맥락이다.

우리는 바쁜 현대생활에서 직접 경험하는 것은 불가능한 일이지만 옛 선조들의 생각과 삶이 묻어나는 이야기들을 우리는 독서를 통해 배우고 생각하면서 지혜를 배운다.

한 권의 책이 한 사람의 삶이기 때문이다.

다산 정약용의 유배생활에서도 아들에게 보내는 편지글이 책으로 표현되지 않았다면 혼자의 생각일 뿐이지 후대인들에게는 어떻게 살아야 하느냐라는 삶의 방법이 제시되지 않았을 것이다. 이와 같이 교훈되는 글, 경험치, 삶의 올바른 방향 제시를 읽지 않는 사람과 읽는 사람의 차이는 당장은 모르지만 삶의 깊이는 엄청난 차이를 낸다.

현대는 디지털시대 정보화시대이다. 책만큼은 아날로그이다. 책에 직접 줄을 그어 가며 읽는 만족감은 시간이 지날수록 독서 효과가 상승함을 알게 된다. 아날로그는 사람의 감성을 잘 알기 때문이다. 수고하는 만큼 결과는 분명이 보인다. 미디어에서 읽는 독서와 책으로 읽는 독서의 차이이다. 감성이 먼저 알고 있다. 이 내용은 메모하고 싶다. 이 이야기는 내게 와 닿는 삶의 방향서가 된다. 좋은 이야기들로 나열되어 있는 활자를 직접 보는 독서는 글 속에 있는 감흥을 간접적으로 내 것이 된다. 책을 읽는 순간 작가의 마음과 통함이다. 동감이 일어나는 글귀를 만나는 일이다.

지혜를 얻는 방법으로 쉽고 용이하게 접근함도 나쁘지 않지만, 꾸준하게 문자로 된 책에서 찾아야 되는 기본점이다. 부(富)의 길, 학문의 길, 선두주자의 의식을 게을리 찾아서는 수고의 답이 덜하다. 약 3억만 권의 책이 출판되어 있다. 발 빠른 의식인은 독서에서 지름길을 찾는다.

스티븐잡스가 많은 책을 읽지 않았다면 인류에게 도움을 줄 수 있었을까. 책을 읽는 일과 읽지 않는 차이는 점점 부채꼴로 벌어지게 된다. 각 분야의 일인자는 수고 없이 결과를 만들지 못한다. 이미 책을 통해 삶의 방향을 정하고 있다. 책을 읽지 않는 사람은 일을 시작하면서 판단하게 되니 당연 책 읽는 사람보다 늦어질 수밖에 없다. 시간의 차이는 이미 그 사람의 분야의 길을 먼저 나아가는 선두주자가 되는 일이다.

책 읽기 좋은 환경이다. 동네마다 작은 도서관이 있으며 시립도서관, 사설도서관, 대학도서관, 이동도서관까지 국가가 주는 복지혜택이다. 책 읽는 특혜를 누려야 한다.

사는 일이 제일로 어렵다 한다. 사실이다. 불변의 진리이기도 한다. 사는 일이 그리 만만치 않음을 어른들로부터 배운다. 친구는 처녀 적에도 일 했고, 결혼하고는 쉬지 않고 일했다. 함바집을 운영하고 식당도 운영하며 쉬지 않았다. 열심히 일 했지만 아직도 경제적 어려움을 겪는다. 근무시간이 길다. 월급은 더 받지만 휴식할 시간이 없다. 책읽는 시간을 작업전선에 뛰면서 만드는 일은 쉽지 않다.

그러나 책 읽는 사람은 책 읽지 않는 사람보다 삶의 방향지침서를 빨리 찾게 된다. 핑계는 늘 핑계를 낳는다. 진정한 삶의 진정한 모습 찾는 일에 많은 시간의 손실을 줄이게 된다. 책은 우리에게 지식을 제공하는 공간이다. 책에서 자신의 재능을 찾을 수 있다. 재능을 찾는 일은 인생의 반을 성공으로 이끈다. 찾은 재능을 갈고 닦아 사회에 환원하게 되면 재능기부자가 된다. 다산 정약용은 유배생활 18여 년 동안 약500여권의 책을 집필했다. 재능은 자손대대 지식과 지혜를 나누어 쓰고 있다. 지식을 공유하는 일, 공감하는 일, 나누는 일은 엄청난 세상의 변화와 발전을 가져왔다. 혼자 소유할 때는 작은 것에 불과하지만 공유하고 나누면서 공감하면 큰 세상에 빛을 발한다.

책은 무한지식, 지혜의 공간이다. 많은 책을 읽으면 더할나위없이 좋지만, 바쁜 일상에서 책을 읽으려는 의지가 필요하다. 짬짬이 시간 내어 읽을 수 있는 습관을 기르는 것이 무엇보다 중요하다. 책에서 얻는 각오와 삶의 방향은 늘 나를 신나게 하는 공간이 된다.

성공한 사람들은 한결같이 독서의 힘임을 강조한다. 깊이 공감하면서 특히 인문고전을 애독하기를 권한다.

chapter 3

커피숍 일터

커피숍에 문을 열고 들어오는 손님이다. "야! 향 좋아." 향을 더 맡기 위해 짙은 커피 향기에 취한 행동이 자연스럽게 보인다. 한 골목 건너에도 이름도 이쁘고 잘 꾸며진 커피숍이 다양하다. 손님들이 좋아하는 콘셉트에 맞는 상호를 보면 이 집은 어떤 분위기일까 궁금해지면서 한번쯤은 들어가고 싶다. 고객의 코드에 맞으며 그 커피숍은 단골이 되고, 편한 관계가 된다. 동네 커피숍의 장점은 단골 커피 마니아를 만나게 된다.

지금 운영하고 있는 커피숍과는 또 다른 커피숍도 만들고 싶다. 돈을 벌기 위한 커피숍이 아니라, 친구가 우리 집 손님으로 오며 차를 대접하듯이 친구나 지인이 오면 차(茶)와 커피를 대접하는 여유로운 공간이면 한다. 손익계산서는 뻔하다. 남는 것이 없을 것이다. 물론 친구의 마음이 이익으로 남겠지만. 시간부자들이 모여 논의하고 토의하며 무언인가 만들어 내는, 편안한 사람들의 놀이터로 일상을 이야기하는 만남의 장소를 제공하고 싶다.

엄마들은 아이들을 유치원, 학교에 보내고 남편 출근 후 여유시간이 생기면 이웃끼리 모여 커피타임을 가진다. 요즈음은 무슨 반찬을 해 먹는지, 남편 이야기는 수다의 양념이 되기도 한다. 물론 시댁이야기도 이어진다. 이렇게 동네 커피숍은 주부들의 소담장소가 된다.

커피 값이 부담스럽던 시절이 이제는 문화를 누리는 품위의 수준으로 확연히 달라졌다. 이웃집에서 아니라 커피숍이 그 장소로 바뀌었다. 커피향이 매장에 녹아내리고 편한 음악이 커피 향을 타고 마음으로 전해질 때 쉬어가며 에너지 만들어지는 곳이 커피숍이 아닐까. 후하게 점수를 주고 싶은 곳이다.

경주 최 부잣집의 노블레스 오블리주는 아니지만 동네 사람들에게 편한 커피방으로 공간을 제공하고 싶다는 꿈이 있다. 우리 동네 사람은 물론 소문 듣고 찾아오는 모든 고객들이 책을 읽고, 담소하며 맛나는 차를 마시는 사랑방 같은 공간을. 우리의 삶은 아름다워야 한다. 각박하지 않아야 한다. 근면성과 근로성을 가지지만 마음은 자연과 함께이다. 살아본 경험은 이렇게 말한다. 바쁘게 살되 나를 찾는 시간, 나를 사랑하는 시간을 가지면서 나를 챙겨야 한다.

찾아오는 객(客)에게 주는 커피와 차의 공간. 책과 이야기가 있는 공간. 생각만으로도 벌써 기분 좋다면 이 또한 살아가는 삶의 상상 치료의 진가가 아닌가. 커피숍 일터에는 여전히 음악과 커피향이 흐르고 있다.

코로나19의 팬데믹이 2020년을 완전히 마비시킨 해이다. 근교 커피숍에는 손님이 드나들지만 시내의 커피숍에는 사람의 발길이 뜸하다. 2.5단계는 테이크아웃으로 손님이 룸에 앉지 못한다. 우리가 생각지도 못한 상황이 오래가고 있다. 예측하지 못한 사회의 불편함을 호소하지 아니하고 다들 순응의 자세로 빨리 끝나기를 바라는 마음이다. 우리의 강인한 의식은 "이 또한 지나가리라"라는 초점에 위로를 받고 있다.

향을 마시다

루소는 "나를 즐겁게 만드는 커피의 향기. 이웃에서 커피를 볶을 때면 나는 문을 열어 그 향기를 만끽한다"라고 읊조리기도 했다. 이 이상으로 커피 향을 예찬할 수 있을까.

커피를 좋아하지 않지만 향이 좋아 마신다는 친구도 있다. 향은 사람의 코를 통해 두뇌로 마음의 감동으로 향유 치료의 몫을 하기도 한다. 커피의 향이 없다면 애호가들은 보통의 음식처럼 가끔 즐기는 음료쯤으로 되지 않았을까. 커피 향은 어느 향보다 후각을 곤두서게 한다. 커피 향 하나로 뭐 그리 호들갑이냐고 할 수 있겠지만 적어도 커피 향은 어떤 향과 비교를 거부할 것이다. 녹차와 차이는 커피향이다. 커피 열매 원두는 로스팅되면서 여러 맛과 향으로 커피 마니아를 감흥시킨다. 세계 3대 음료를 커피와 차(Tea), 코코아로 분류하고 있다. 커피 향과 커피의 맛을 능가하는 열매는, 창조 이래 아직 찾아내지 못하고 있다.

사무실 근처에는 유난히 커피숍이 많다. 식사 후 향과 같이 마시는 한 잔의 커피는 스트레스 해소와 노근한 컨디션을 기운 업하게 치유하는 커피의 효과를 보게 된다. 잔에서 전해지는 따뜻한 온기의 느낌과 커피의 향이 코 안을 가득하여 오후 업무의 능력 향상을 일으키게 한다.

세상에서 원유 다음으로 물동량이 많은 물품이다. 구리, 알루미늄, 설탕, 면, 밀보다는 적지만 커피의 유통량의 실세를 실감하게 된다. 커피를 마시는 일은 계속 늘어나고 있다. 골목마다 늘어나는 커피숍의 증가 추세는 직접 눈으로 확인되는 셈이다.

스타벅스 매장도 마찬가지이다. 1971년 원두 소매점 개점한 커피점은 1987년 회장 하워드 슐츠의 경영. 2017년 2만 3,300여 개로 증가하며, 2021년 5,000여 개로 늘릴 계획이라니 세계시장의 커피는 중국, 인도에서 합세하면 적지 않은 규모이다. 커피숍은 커피만 마시는 곳만 아니라, 인터넷의 발전으로 개인의 사무실이 되면 사생활의 보호구역이 되며 문화를 나누는 공간이 되었다.

매일 마시는 커피의 성분과 효능에서 갑론을박으로 서로 다른 논란으로 내놓는다. 900년쯤 페르시아 의사 라제스는 〈의학전범〉에 "커피가 사지를 튼튼하게 하고 피부를 맑게 한다. 커피를 마시면 좋은 체취가 난다"에서도 볼 수 있지만 많은 연구와 테스트로 향과 맛으로 마시는 커피의 이로운 성분을 설명하고 있다.

산 정상에서 마시는 커피는 맛도 좋을 뿐 아니라, 향이 커피를 마시게 한다. 맑은 공기에서 커피 향만으로 채움일까. 봄, 여름, 가을, 겨울 어느 계절이든 비 내리는 정상, 눈 오는 정상에서 식사 후 커피는 식후 디저트 음료 1호이다. "커피 없습니다" 하면 좀 섭섭한 분위기이다. 커피까지 다 마시면 식사시간은 끝이 나며 하산을 서두른다. 식사의 기본코스가 되었다. 장소와 상관없이 커피에게 현혹되는 이유는 무엇일까. 일상에서 커피는 생활 음료로 자리매김한 사실이 되었다.

세계적인 음악가 요한 제바스티안 바흐의 커피 칸타타는 커피를 좋아하는 딸과 커피를 그만마시라는 아버지와 주고받는 풍자적 아리아이다.

"오. 커피는 너무나 달콤하구나. 천 번의 키스보다 달콤하고 백포도주보다 부드럽구나. 커피, 커피야말로 내가 마셔야 할 것이다. 나를 기쁘게 하고픈 사람이 있다면 내게 커피를 따르게 하셔요."(《커피인문학:커피는 세상을 어떻게 유혹했는가?》에서) 아버지의 엄포에 굴복하지만 혼인계약서에 '커피 자유섭취 보장' 조항을 슬쩍 넣으면서 커피도 마시고 결혼에도 성공하는 음악가 아버지와 딸의 커피애찬 노래이다.

커피는 사회 곳곳에 맛과 향을 가지고 우리 식생활의 큰 부분을 차지하며 사랑받고 있다. 카페인에 예민한 사람은 한 잔이라도 먹으면 "난, 잠이 오지 않아" 하는 사람을 제외하고는 누구나 커피를 마신다. 커피 마시는 일이 생활 깊숙이 하루 일상이 되었다. 생활에 이로움을 준다면 선호할 일이다. 효능과 성분이 입증되었고 정신적인 윤활유 역할까지 하게 되는 커피를 마다할 이유가 없다. 커피를 마시기 시작한 사람은 일인 커피량이 증가하지 줄어들지 않는다. 처음에는 커피가 약으로도 사용되었다. 빠르게 진화되는 사회는 커피를 다른 사업 구상 식품으로 더 발전시키고 있다. "향미를 따지고 커피를 마시며 생두의 품질을 추구하는 스페셜티 커피를 문명의 대변혁에 비유하고 있다." 문화적 음료로 커피는 그 가치를 키워간다. 마시는 음료의 가치를 인정하는 세기의 증명이 된다. 좋은 향미를 지닌 커피는 마시는 것이 아니라 향으로 머릿속에 각인되어 다음 커피 마실 시간까지 이어지는 향의 지속함이다. 커피 마시는 일이 일상화되었다.

커피숍에 매일 출근하는 손님이 있다. 엄마와 딸 셋. 막내딸은 임신 중이다. 먼저 인상 깊은 점은 다들 이쁘다. 눈이 크고 이목구비가 또렷해 이쁘지 않은 딸이 없다. 무슨 이야기를 하는지 늘 희희호호 웃는다. 커피도 인원수대로 주문하지 않는다. 넷이면 두 잔 주문한다. 그래도 밉지 않다. 오히려 무슨 이야기하지 귀가 쫑긋해진다. 한 번은 임신한 딸이 남편과 싸웠나 보다. 씩씩거리고 있는 언니들은 동생의 남편을 몰아세운다. 살아가는 일상을 보는 듯 엄마와 딸 셋은 늘 이야깃거리를 만들어온다. 오전시간은 다 간다. 커피숍 고객 1호의 자랑이다.

사람의 인성에서도 우러나는 향이 있다. 지인들로부터 느끼는 인성향은 기분을 좋아지게 한다. 성품의 한두 가지로 그 사람의 향을 칭찬하지 않는다. 두루 갖춘 향을 만날 때 커피 향기처럼 인정하게 된다. 대화에서도 알 수 있다. 그들은 바라보는 시각이 긍정적이다. 상대방에 대한 배려 또한 일품이어서 도움을 주려고 한다. 어려움이 있으면 나누려고 한다. 자연을 대하는 태도도 다르다. 아끼고 같이 가려는 마음이 보인다. 지혜로워서 지식은 있지만 내세우지 아니한다. 향기가 있는 사람과 같이 다니면서 배우고 있다.

마시는 일에만 열심히 아니라 향을 내는 일에도 열심이다. 살면서 많은 향을 내는 사람을 만나는 일은 행운이다. 행운을 받았으면 나누는 일이다.

사는 일에 냄새가 나지 않아야 한다. 커피 향을 좋아하는 이유는 다른 향과 달리 특별함이 있다. 사람의 향도 마찬가지이다. 향이 있는 사람은 인성을 갖춘 사람으로 보이게 된다. 보이려고 노력하지 않아도 배어나는 품성에서 향을 발한다. 사람에게 향이 없다면 너무 삭막하지 않을까. 향이 있는 사람은 존경과 함께 어울리기를 좋아한다. 같이 가고 싶다.

사람에게 향은 무엇일까? 배려이면 나눔이다. 다 가지려고 하는 마음은 좋은 향을 내지 못한다. 이은대 작가님이 있다. 강의 자료를 내어주신다. 보통 사람들은 본인이 힘들게 만든 강의 자료를 잘 내놓지 못한다. 자료를 내어주고 나면 작가님은 더 높은 단계의 강의 자료를 만들기에 실력이 더 향상된다고 말씀하신다. 그 속에서 향은 말없이 배어난다. 먼저 수강생은 선생님의 깊은 마음을 알게 된다. 향은 숨기는 것이 아니라 내어놓을 때 발한다. 내놓은 향이 사람의 마음을 감동시키니 배가 된다. 구릿한 냄새는 누구나 싫어하지만 좋은 향은 돈으로 사서라도 즐기고 싶어 하다. 돈으로 실 수 없는 향을 만들어 내는 삶은 어떤 삶일까?

커피숍은 향이 나는 공간이다. 무수한 사람들이 스쳐 지나가는 곳이다. 이곳에 향을 내는 사람이 모이면 향은 더 진해진다. 모르는 사람들이지만 손님들에게 관심이 간다. 우리의 이웃이기에. 열심히 사는 모습들이 눈에 들어온다. 안주하지 않는 삶을 커피숍 공간에서 배운다. 어느 공간이든지 우리는 배움이 있다. 기분 좋은 모습을 보면서 나를 깨운다. 성장하는 삶이 공간으로 이어질 때 이는 나의 힘이며, 우리의 힘이 된다. 커피숍이라는 공간은 나에게 성장의 공감 터가 된다.

이탈리아 여행과 커피

참으로 먼 거리를 다녀왔다. 우리나라(서울)와 이탈리아(로마)까지의 거리는 대강 9천 킬로미터라니 시속 100으로 달린다면 90시간이 소요되는 거리이다. 도시 건축양식이 다르고 사람 모습도 다르다. 동양과 서양의 차이이다. 한 지구상에서 다른 사람의 모습은 신기하다.

괴테는 유럽 여행 중 로마 땅을 처음 밟는 날 "제2의 탄생일이자 나의 진정한 삶이 다시 시작하는 날이다."로 묘사하지 않았던가.

이탈리아인의 삶에도 관심이 갔지만 왜 일찍 로마에 오지 않았던가 하는 생각에 더 관심이 갔다. 건축양식에 광장문화에 그림과 역사, 어느 것 하나 빠뜨릴 수 없는 호기심과 설레임 그리고 새로움뿐이다. 우리와 다른 건축물이 신기하기도 하다.

북부이탈리아 밀라노, 중부이탈리아 피렌체, 남부이탈리아 나폴리, 시칠리아 사르레냐의 도시국가는 1861년 통일 이탈리아 문화국 탄생이 된다.

아무리 좋은 것이라도 많은 사람이 공유하지 않으면 무슨 의미가 있는가. 각국의 사람들은 바티칸박물관을 보기 위해 3-4시간의 긴 행렬을 기다리며 오랜 세월의 역사와 그 시대의 이야기를 지금에서 나누어 보기를 원한다. 예술도시이다. 천재화가 미켈란젤로의 〈최후의 만찬〉, 〈천지창조〉, 〈다비드 상〉. 유명 작품들 가격이 제로라니 지구가 존속하는 이상 극찬을 받을 것이다. 유네스코에 등록된 종류만 보더라도 대한민국 17여 곳, 이탈리아 55여 곳이라니 이탈리아 매력 점수를 수치로 나타낼 수 있겠는가.

이탈리아의 매력도시 베네치아도 빼놓을 수 없다. 인공의 섬 베니스로 간다. 수상도시이다. 바다 위에서 살아가는 도시 자동차가 없는 도시. 자연의 선물이 아니라 인공도시라니 의문이 사라지지 않는 도시이다. 300만 평에 인구 26만 3천여 명이 석고말뚝을 박고 그 위에 석판을 깔고 위에 성당 짓고 왕궁을 짓는 재주는 가톨릭 신자가 말하는 하느님께서 주신 선물인가 아니면 인간의 무한 살아가고자 하는 삶의 치열한 모습인가.

옛 전성시대 조상들의 덕인가 하지만 3모작의 농작물에 가업전승의 꼼꼼한 장인정신으로 만들어지는 명품패션의 나라. 무상교육제도의 복지는 대학까지 외국인이라도 무료라니 기회균등이 나누어지는 복지제도. 옛 이탈리아의 전성시대의 모습이 보인다. 지중해의 선물 올리브나무, 와인의 규모, 커피 이야기, 가구와 피혁제품 등 산업의 발전과 절약의 생활. 자연의 선물은 이 나라 국민들의 문화적 근성을 만들어 주었다.

문화재는 현 시대의 사람들에게 삶의 경제력을 만들어 주는 보물이 되었다. 세계 각국의 문화탐방 관광객은 끝없이 줄을 이어가고 있다. 조상들의 이룸이 후세인들의 삶의 품격이 되었다. 옛 시대의 선물이 지금의 이탈리아에게 부를 안겨 준다. 이제는 이탈리아 국가의 것만 아니라 세계인들의 보물로 공유하는 곳으로 세계인이 지켜야 하는 것이다.

여행 중에 여행지의 식문화인 먹거리에 관심을 갖게 되면 이탈리아 음식을 좋아하는 사람들이 많다. 당연히 재료의 발달과 수급, 산지의 부가식품들도 다양하다. 이탈리아와 지중해 유역국가에 분포되어 있는 올리브나무에서 생산되는 올리브와 올리브오일은 요리에서 중요한 역할을 한다.

다양한 큐어링(소금절이) 방법에 따라 맛과 향, 색, 식감이 좌우된다. 지역특성에 맞게 생산되는 식료품의 효능에 관심을 갖는다. 올리브는 총열량 80~85%가 지방함유율이다. 몸에 유익한 지방은 콜레스테롤 수치를 낮추며 고혈압과 심장병 예방에 도움이 된다.

직접 생산하지 못하지만 교역의 발달로 우리의 식탁에 상차림이 되어 건강한 생활의 바탕 됨이 감사하다. 먹거리의 감사함이다.

커피가 사랑받는 이유도 맛과 향으로 가치를 내어줌이다. 커피는 장소와 분위기에 좌우되는 커피 맛을 보게 된다. 유명한 여행지 카페에서, 역사가 있는 곳에서 커피를 즐기는 여행일정은 일상생활에서 마시는 커피의 맛을 느낌으로 받아들인다.

바리스타의 연령대가 다르다. 우리나라는 청소년들이지만 나이가 훅 든 아저씨들이 커피를 나른다. 유럽의 문화이지만 우리의 눈에 익지 않는 카페의 모습이다.

우리나라에서는 나이가 들어 카페를 하게 되면, "젊은 사람들에게 맡겨", "나이 든 사람이 하기에는 좀 그러하지 않니. 보기 싫어."라고 얘기한다. 우리나라 카페가 옛날의 다방과 연상되는 모습은 아닐진대 젊은이들은 진취적인 일에 몰두하며 나이가 들고 체력이 좀 떨어지며 작은 일과 나누어 하는 모습도 국가적인 발전이 됨이다.

커피가 유럽에 상륙한 건 1615년 이탈리아 베네치아. 1645년 커피하우스가 문을 연다. 역사를 안고 사는 산 생명체로 "커피를 마시며 정보를 주고받는 문화가 형성되면서 시대적 각성을 불러일으키며, 영국, 미국, 프랑스 등 여러 선진 문화의 국가들은 지성의 상징이 되면서 민중을 일깨우는 입소문을 타게 된다. 베네치아 여행에는 카페 플로리안이다. 1720년에 오픈한 역사의 증인이 된 카페이다. 여행객은 역사가 있는 카페에서 커피를 마시고 싶어 한다. 2020년 코로나 19의 팬데믹 시대로 여행객 감소로 호황을 비켜가고 있다.

세계적인 유명한 예술가들의 혼의 흔적에, 여행객이 되어 그들의 작품을 좋아하듯이 플로리안에서 한 잔의 커피를 음미하고 싶음이다. 세계 각국의 여행객의 필수코스가 되는 16C 지어진 바로크 건축물에서 과거의 시간을 만나보는 일이다.

두칼레궁전, 산마르크대성당, 광장, 인파들, 비둘기, 맑은 하늘. 모두가 여행자의 행복이다.

여행이 일상이 되는 꿈으로 살고 싶은 이유이다. 다른 문화의 누림이다. 여행이 직업인 사람이 부러운 작은 이유도 포함된다. 각국의 사람들이 마시는 여러 종류의 커피를 마실 수 있는 기회를 가짐이다.

여행지 이탈리아에서 마시는 커피가 유독 맛나는 이유는 여행지의 분위기에 심취됨이다. 커피 향까지 즐기는 이유는 예술도시의 가치와 품격으로 커피의 맛이 강조됨이다. 박물관이며 성당이며 곳곳이 문화재의 옛 건축물이다. 우리나라의 커피믹스와 일본의 캔커피의 발전보다 이탈리아의 에스프레소 한 잔의 맛의 비교를 거부하는 이유는 문화의 역사이다.

우리나라 최초의 커피점을 발굴해 방문객에게 스토리텔링을 만들면 여행의 한 코스로 주목받게 만들면 어떨까. 손탁 호텔 레스토랑이 공간 활용 외교인들 모임장소가 되게 한다면. 당시로는 커피 매개체로 독립운동가들의 연락처인 공간을 베네치아 플로리안처럼 문화를 만들어 본다.

스타벅스 외국 브랜드가 우리나라에 처음 진입한 전래도 중요하지만, 우리나라 최초의 커피점의 역사를 세우고 싶다. 역사를 만드는 일이다. 1세기가 지나면 문화가 만들어진다. 이탈리아는 예술가의 이야기가 스토리텔링이 되지만 우리나라는 아픈 역사 이야기이다. 일본은

러일전쟁에서 승리하면, 1905년 가쓰라 태프트 밀약을 체결하므로 필리핀은 미국의 예속으로 대한민국은 일본으로부터 강제 외교권을 박탈당하게 된다.

역사의 이야기를 잊지 아니하고 기억한다. 여행을 하게 되면 애국자가 된다. 여행지에서 내 국가의 소중함을 알게 된다. 어떤 여행자는 배낭에 태극기를 달고 다닌다. 매일 마시는 일상의 기호음료만이 아니라 역사현장에서 앞선 외교인들이 마신 공간을 우리는 교육현장으로 만들어 베네치아 플로리안 카페처럼 손탁 호텔의 정동구락부로 최초 커피 현장을 만들어본다.

"가슴이 떨릴 때 여행을 떠나라."

밀라노에서 피렌체에서 로마 베니스에서 많은 것을 보고 가슴에 담는다. 우리의 자랑 정명훈 님이 계시고 우리 젊은 유학생이 이 나라에서 열심히 공부하고 있다. 대한민국의 더 나은 정신과 문화로 세계 속에 우뚝 서지 않을까. 오후 6시 폐점하는 나라가 아닌 부지런한 한국인이 있기에 미래는 밝을 것이다. 여행은 자유를 누리는 특별한 혜택의 선물이다. 여행지의 문화를 배우고 독창성을 공부하게 된다. 시야의 폭을 넓혀 미래를 설계하게 된다. 여행은 교과서에서 만나지 못하는 문화와 삶의 방식을 발로 걸으면서 작은 일부분을 보게 된다.

우리나라는 늘상 옛것을 버리고 새것을 선호한다. 이제는 좀 신중하게 설계하고 신중하게 만들어 오랜 기간 동안 사용하는 도시건설법안이 만들어지면 좋겠다. 얼마 전 동네 보도블록 공사를 했다. 좀 나아지겠지 했지만 마찬가지다. 튼튼하지 못한 공사는 또 얼마 지나면 파헤치고 다시 야단을 떨겠지. 개인주택의 변화는 어렵지만 공공건물은 이제 미래를 보고 짓는 건축 법도 신중하게 검토해 한 방향을 잡아야 하는 시점이다.

자연이 아름다운 나라, 우리나라의 사계절 변화는 안주하지 아니하는 의식을 만들어 준다.

먹고 사는 일도 중요하다. 하지만 정부의 노력은 국가의 이미지를 만든다.

마트에 일하는 한 여성이 대한민국 사람을 보고는 좋아했다. 한국이 좋아 한국어를 배우고 있단다. 지금은 아니지만 기회 되면 꼭 가고 싶은 나라라면서 많이 좋아한다.

분명 이런 젊은이들이 더 많아질 것이다. 정보화로 경제를 발전시키고 우리들은 마음이 따뜻한 국민성으로 여행자를 맞아들이는 여유를 가져야 한다.

먼 미래는 밝을 것이다. 먼 거리의 여행은 그를 보았고 나를 보았다. 여행의 목적은 갑갑함의 탈출만이 아니라 자유 속에 나의 이야기를 나눌 수 있는 여행으로 지혜를 얻고 지식을 배우게 된다. 이제 유럽연합 이웃나라로 떠날 계획이다. 돌아오는 여행지에서 다음 여행지는 어디로 떠날 것인가 행복한 고민을 하게 된다.

책으로 그곳의 상황을 보는 것이 아니라, 직접 여행지로 가서 문화와 그네들의 사는 모습을 보고 온다. 의식의 변화는 좋은 징조이다. 글로벌화라는 단어는 일상화되었다.

"세계는 넓고 할 일은 많다"는 우리의 성장을 높이기 위한 말이다. 우리의 능력을 키우기 위한 방법이 여행이 될 수 있다. 작은 나라 대한민국은 무한성장의 힘을 키워야 한다. 아무리 빨리 달려도 문화의 성장을 유럽을 따라잡을 수 있을까? 하는 의문이 생긴다.

우리나라의 국민적 성향으로 세계를 리드한다. 가능한 일이다. 마음먹기에 달려 있다. 여행은 교육발판이 된다. 모르면 리드가 될 수 없다. 여행으로 한 권의 책을 읽는다.

여행과 커피는 마음 공간이다. 언제쯤 가야지 계획을 세워두고는 여행 일정을 나름 충실히 기다린다. 내년에는 밀포드를 가고 싶다. 언제쯤 포르투갈을 갈 수 있을지. 가상 희망이 즐겁다. 행복의 기대심리이다. 여행 다녀온 자에게 이야기를 듣고 싶어 한다. 여행을 다녀오면 들려주고 싶어진다. 우리는 같이 성장하는 한 공간의 이웃이기 때문이다. 커피 한잔 있으면 더 좋은 공감으로 이어지는 넓은 포용이 된다.

제2의 삶의 공간

커피숍이 일터이다. 버킷리스트를 만들 수 있는 시간적 여유가 있는 곳이며, 친구들과 놀 수 있는 놀이터가 되기도 하며, 사업장이기도 하다.

오픈과 동시에 커피머신의 전기를 올리고 열수기, 냉장고, 저울, 블랜딩, 오븐기 등 모든 기구를 정리하며 손님을 맞이할 준비를 한다. 밀대로 하는 바닥청소는 힘이 든다. 걸레무게에 딸려 다니니 여름에는 땀으로 세수한다. 한겨울에는 밀대가 꽁꽁 얼어붙어 애를 먹기도 한다. 바닥청소 후 커피를 한 잔 마시면, 수고스러움이 커피 향과 같이 허공으로 날아간다. 다른 업종보다 편하지만, 나름 스트레스는 따라다닌다. 커피라는 하나의 메뉴로 손님들의 취향을 맞춘다. 많은 메뉴로 손님의 취향을 맞추게 되면 그만큼 신경 쓰는 일이 많아진다.

요즈음은 커피숍의 뷰가 좋은 곳을 찾는 여성 손님들이 많다. 친구들끼리 식사 후, 커피는 근교로 나가서 마시자는 게 보통의 생각이다.

시내의 커피숍보다 근교 커피숍을 선호하는 성향이다. 코로나19로 인한 사회적 거리두기에서 근교의 자연과 잠깐이라도 쉼의 시간을 만드는 이유이다.

커피의 보급은 급속도로 성장해 기호식품이 이제는 생활화되었다. 직장인 또는 주부들도 휴식시간에 한 잔의 커피를 마실 때면 긴장하고 있던 몸과 마음이 완화되는 커피의 매력에 빠지게 된다. 식사를 하는 시간도 몸을 위하는 시간이지만, 커피 마시는 시간만큼은 내 몸을 위하는 시간의 안위가 된다.

커피 메뉴 개발로 다양하게 마실 수 있다. 에스프레소부터 아메리카노, 아메리치노, 콜드커피, 스페셜티 커피를 이용하는 커피 메뉴의 변화는 우리의 입맛을 즐겁게 한다. 특히 커피 애호가들이 가정에서 즐길 수 있는 다양한 기구들도 발전되었다. 한 몫으로 인테리어 효과까지 내며 커피문화를 즐기는 마니아의 증가로 문화가 바뀌는 개개인의 취향은 우리의 커피 미래를 보는 듯하다.

이탈리아를 여행 중에 역사를 가진 에스프레소점에서 커피를 마신다. 중세시대의 역사에 잠시 머무르는 느낌이다. 여행의 목적이 시대를 오가는 길목에서 여유를 부리는 듯 커피는 시대의 기호품이 된다. 가이드의 설명에, 마시고 가지 않으면 후회할 것이라는 안내에 거피 맛보나 분위기에, 시대적 중세의 잠깐 머무름이다.

마니아들은 에스프레스를 마신다고 하지만 커피의 맛보다 달고 부드러운 음료를 선호하는 사람은 라테, 아니면 바닐라향 시럽을 첨가해 커피를 즐기게 된다.

커피숍에는 다양한 연령층과 취향이 다른 손님들이 모인다. 아파트 단지 내 이웃들이 애들 교육문제 학원문제, 시집 이야기, 남편의 이야기들을 집에서 모여 하는 것이 아니라 커피숍에 모여서 한다. 모임 장소가 이웃의 집이 아니라 커피숍으로 장소가 바뀐다. 서로 편하다. 방문한 가정에는 커피를 준비하느라 바쁘다. 만남의 부담을 커피숍에서 덜어준다. 편한 만남이 이루어지는 곳이 커피숍이 되었다. 문화는 억지로 바꾸는 것이 아니라 서서히 생활 속 깊이 파고든다.

쇠고기 단골집이 있다. 고기 맛이 다른 업소보다 좋은 점수를 주면 단골로 다녔다. 그날따라 입맛이 변했는지 고기 맛이 영 아니다. 사장님께 "고기 맛이 좀 떨어집니다"라는 말에 발끈 "저희 집은 고기를 항상 똑같이 씁니다. 그럴 이유가 없습니다" 하고 일축한다. "고맙습니다. 알아보겠습니다"가 차선의 대답이 되어야 한다. 단골은 그 시간 이후부터 단골이 되지 않는다. 각 업소의 마케팅의 원리는 같다. 손님이 다시 찾는 업소가 되어야 한다. 한 번의 고객을 단골로 만들어야 한다.

학생 손님이 왔다. 아이스티를 주문한다. 우리 매장의 아이스티는 고형으로 물과 가루를 블랜딩해 생긴 거품을 가라앉혀 얼음과 레몬을 첨가해 손님에게 낸다. 준비가 되지 않은 아이스티 주문으로 손님에게 양해를 구하며 기다리는 시간 동안 죄송하다면 콜드브루 1잔을 두 분의 학생 손님에게 먼저 서비스로 제공했다. 기다려주는 고마움에 대한 배려이다.

커피숍이든 식당이든 사람들이 생활하는 곳에서는 사람의 마음은 비슷하다. 예외가 있지만 배려의 마음은 비슷하다. 가족 손님이 왔다. 주문하는 음료 개수가 많으니 구매금액도 컸다. 감사함에 서비스로 번을 오븐에 구워 드렸다. 포인트가 기록되지 않았다면서 언짢아하기에 다시 도와드리겠다 하니 홈페이지에서 하겠다면서 돌아갔다. 한두 달 지나니 회사 신문고에 일처리가 느리다고 불평고객의 짜증이 올라왔다. 서비스까지 제공하면서 친절하게 했다. 실수를 사과했지만 결과는 각박한 세상의 한 페이지이구나 스스로 위로하게 했다.

사람의 마음을 사는 일은 마음만이 할 수 있다. 감동을 주는 마음이어야 한다. 그 마음이 받아들여지지 않을 때에도 있다. 주는 마음이 오히려 나의 정신건강에 도움이 된다. '손님도 나름 많이 불편했겠지.' 스스로 위로한다.

젊은이들이 모여 인터넷의 세상을 열어가는 공간의 장소. 공부하는 학생 손님. 영업상 만나는 손님. 미래의 비전을 이야기하는 손님. 나이 지긋이 드신 어르신 손님까지 무수한 이야기들이 오가는 곳이다.

산꾼 손님이 오면 산 이야기에 귀가 쫑긋하다. 나도 가 본 곳이네. 한 번 더 가고 싶어. 오만 가지의 이야기들이 꽃 피는 곳이다. 가끔은 다투는 손님 있지만 그 또한 살아가는 모습이다. 책을 쓰는 작가들도 글이 잘 쓰여지지 않을 때 커피를 마신다. 커피가 한 모금 목으로 넘어갈 때 다른 단어가 생각난다. 글이 쉽게 쓰여지는 경험을 한 작가는 커피 마시는 이유를 스스로 알고 있다. 커피는 여유이다. 육체의 노동으로 지칠 때 한 잔의 커피는 피로를 씻어주는 박카스의 역할을 한다. 회의장에서 어떤 결론을 내리지 못할 때 마시는 한 잔의 커피는 해결의 실마리를 풀어주는 촉진제가 된다. 사람의 관계에서 서로의 마음을 녹여주는 역할을 커피는 당당히 하고 있다.

커피콩이 건조공법을 거쳐 원두로, 여러 로스팅 방법을 거쳐 커피가 된다. 그라인더에 분쇄되어 머신을 통해 추출되어 잔에 담기어 커피를 찾는 애호가의 기호품이 된다.

커피숍의 하루는 하루 매출의 문제를 넘어서 놀이터가 되었다. 찾아오는 손님들과 교류. 친구들과의 수다장소로, 옮겨가는 간이만남의 장소이다. 스터디의 장소로 커피숍은 문화공간이 된다.

단체 스터디그룹에게는 50% 할인혜택도 드린다. 이는 마케팅도 되지만 배려의 마음이다. 동네 분에게 마음을 내어주는 서비스다. 커피숍 일터는 수익은 덜 하지만 편안한 공간일 뿐이다. 친구에게 커피 값을 받고 나면 마음이 편치 않다. "우리 집으로 방문하면 당연 차를 대접하지 않느냐?" 하면 친구들은 이구동성 "사업장인데 그러면 어떡하냐" 반문한다. 수익보다 더 손해를 보는 기분이니 당연 무료서비스가 나에게는 강점이다. 커피숍은 일터로만 아니라 나눔의 공간으로 유익한 공간이 되었음에 하는 마음이다. 손님들에게 변화를 배운다.

"변화를 꿈꾸지 않으면 안주하기 쉽다. 변화에 익숙하려면 용기가 필요하다."

움직이는 손님들 속에서 변화를 꿈꾼다.

커피 값이 부족한 누구든 있으면 "저 돈이 없어요. 부족해요." 하면 무료 제공할 수 있다. 사업장이지만 놀이터이기도 한다. 장사의 목적은 아니다. 장사가 잘 되면 좋은 일이지만 무리한 장사는 금물이다. 편안한 공간으로 책 읽고, 공부하는 공간이면 한다.

꿈을 위해 열심히 공부하는 사람, 직장을 잡기 위해 열심히 공부하는 사람, 독서가 재미있는 사람, 자기성장에 애쓰는 이들에게 공간대여의 장소가 되고 싶은 이유이다.

커피숍은 커피만 파는 공간이 아니다. 우리의 놀이터이고, 나눔을 실천하고 공유하는 공간이다. 오픈 시간에서 마감까지 공간을 활용하는 분은 큰 고객이다. 긴 시간 동안 책과 씨름하는 손님이 있으면 간식으로 과자라도 주고 싶다. 사업장이 돈을 벌게 되면 좋겠지만 손님이 편안했으면 좋겠다. 놀이터인 나의 공간은 손님들이 여름이면 에어컨이 있는 시원한 공간으로, 겨울이면 난방이 되는 따뜻한 공간으로 자리매김하고 싶다. 커피숍 공간은 삶의 활용 터로 있는 동안 시간 가는 줄 모른다. 친구들과 커피숍 공간을 공감하게 된다.

스스로를 위로하다

약속이 없는 날이다. 일상의 바쁜 시간을 지내다보면 계획된 일이 없을 때는 뭔가 허전함을 느낀다.

'뭐하지. 사우나 갈까. 아니면 종일 씻지 아니하고 책 읽을까. 시간을 어떻게 유효하게 쓸까 행복한 고민을 하게 된다. 자질구레한 볼일을 보게 된다. 은행을 다녀오고 작은 일들을 처리한다. 그래도 시간이 남으면 무엇 할꼬. 또 고민한다. 미술관으로 가자.'

지자체에서 시민들을 위한 문화생활 공간을 잘 마련해 주고 있다. 지역마다 도서관, 주민 센터, 체육시설 등 조금만 부지런하면 잘 활용할 수 있다.

경남도립미술관으로 갔다. 휴관이네. 경남도청 옆에 자리 잡고 있다. 2004년 유리벽의 건축양식은 건축물로 제법 규모를 가지고 현대식으로 잘 지어져 있다. 시민들의 문화생활과 공간 활용으로 시민들에게 주는 문화 공간 선물이다. 이용하는 사람들은 잘 이용하지만 별로 관심을 갖지 않는 부분은 아쉽다. 미술관 자체에서도 갖가지 이벤트로 시민들에게 활용할 수 있는 계기를 만들어 주지만, 지역민들에게 홍보가 잘 되지 않는다. 분기별로 새롭게 단장하지만 홍보의 효과가 덜한지 한산하다. 많은 예산을 들여 준비해도 지역민들이 활용하지 않으면 무용지물이다. 문화시설의 활용도를 높이는 방안을 세우는 행정은 결국 지역민의 몫이 된다.

검색을 해 보지 아니하고 간 것이 실수. 임시휴관의 안내표지가 버티고 있다. 상실감. 무작정 방문이 화근이다. 미술관에서 보낼 계획이 취소되니 이어질 일이 생각나지 않는다. 멍한 상태로 잠시 생각을 정리하면 김해클레이아크 미술관으로 발길을 돌린다.

김해 진례면 진례로 275-51에 도자 건물로 이쁘게 단장되어 있다. 관람료는 도립미술관보다 가격이 천 원 더 한다. 매표를 하고 들어서는 순간 건장한 남자들이 버티고 있는 신상호 작가의 작품이 전시되어 있다. 〈우화〉라는 작품이 내포하는 점은 개인과 개인, 사회 간의 대치, 사회 조직의 대치를 표현하는 작품으로 현대사회의 사람들 모습으로 표현되어 있다.

작가의 수고한 모습과 사고하는 상상력이 보인다. 앞서가는 삶의 모습을 표현하는 능력과 재치에 기술까지 예술가의 고난의 길을 볼 수 있다. 좋아하지 않으면 결코 할 수 없는 창조의 길이다. 여러 작가들이 영상으로 소개된다. 요즈음 젊은 작가들의 활동성과 열정은 기성세대보다 더 나름 발전시키려고 노력하는 모습을 보면서 우리 사회의 밝은 미래 모습을 보게 된다.

1990년대 중반을 넘기면서 IT. 인터넷, 정보기술이 어떠한 사회기술의 발달보다 빠른 걸음으로 발전하고 있다. 젊은 세대들의 활동을 보면서 젊은 작가들의 올바른 생각과 앞서가는 창의력과 창조성을 본다. 그리고 감탄한다.

미술관의 쾌적한 환경에 쉬어가는 여유가 생긴다. 분기별로 전시되는 작품을 꼭 감상해야 하는 이유가 있다. 다양하게 제공하는 좋은 작품들이 우리들을 기다리고 있다.

어린이, 중, 고등학생, 대학생, 일반인 누구나 한 번쯤 다녀갔으면 한다. 작가들은 우리들에게 보여주기 위해 몇 년을 수고한다. 그 수고로 우리는 사고의 영역을 넓히며, 세계를 볼 수 있는 시야의 폭을 넓히며, 문화를 누릴 수 있는 마음의 여유를 체험하게 된다.

어른들은 놀이문화를 바꾸게 된다. 분야의 전문가는 아니지만 감상하는 것만으로도 조금씩 관심과 대화의 내용이 조금은 업그레이드되는 수준이 있는 삶의 모습으로 살아가지 않을까.

지역의 공공시설 이용을 적극 추천한다. 개인의 비용으로 배우지 아니해도 지자제에서 많은 교육을 무료이든지 아니면 저렴한 가격으로 수강생을 모집하고 있다.

체육시설도 공원마다 설치되어 운동으로 건강을 지키게 하고 있다. 가난했던 시절에 볼 수 없는 호사이다. 둘레 길도 잘 조성되어 있다.

숲길을 걸으며 자연과 더 친해진다. 사색도 자유롭다. 여유를 가지는 시간을 만들어가면서 생활한다. 각박함 속의 여유이다.

지인 언니는 주민 센터에서 그림을 배우기 시작했다. 꾸준히 몇 년을 빠지지 않고 출석한 결과로 회화부분 국전에서 대상을 수상했다. 노력에 대한 승리의 결과이다. 1만 시간의 투자, 포기하지 않은 인내의 노력이다. 이제는 인풋이 아니라 아웃풋의 시간이 될 것이다. 배우는 일에서 나누어 주는 일로 바뀌게 된다. 취미가 본업이 되었다.

미술관에서 봉사하시는 분들도 대단함을 보게 된다. 연배도 있는 분들이다. 작품을 설명하는 수준이 강사급이다. 듣는 우리들에게 작품의 이해도를 훨씬 높여주니 감사하다. 작품을 감상할 때에도 작가의 작품 의도를 듣게 되면 훨씬 이해하는 데 도움이 된다. QR를 이용함도 좋지만 봉사자들의 설명도 친근감이 간다.

어떤 단체이든 도움이 필요한 곳에 봉사자들을 많이 서게 하면 더 많은 사람들에게 편리함을 준다. 시간별 봉사자들이 있으면 시간 맞추기가 어렵다. 조금 더 봉사자들이 많으면 대기하는 불편 없이 설명을 듣게 되면 훨씬 감사한 일이 될 것이다. 특히 관광지에서 해설자의 많은 도움을 받게 된다. 박물관에서도 동이하다.

젊은 층에게 일자리를 창출하게 된다. 큐레이터를 더 양성하는 일이다. 행정에서 봉사자의 더 많은 육성은 기성세대의 보람이 된다. 봉사자도 해설가이드로 충분하지만 직업인으로 발굴하면 일석이조가 된다. 기성세대들은 그들이 일하는 것을 돕는다. 사회는 저절로 원활하게 큰 공이 굴러가듯이 굴러가면 사회는 안정되고, 안정된 사회는 더 높은 이상을 향해 꿈꾸게 된다. 복지는 현금복지가 아니라 맡은 일의 수고비를 줌이다. 봉사자에게도 기본수고의 대가를 지급하는 것이다.

새로운 신인 작가들이 쑥쑥 진출한다. 도예전공 하는 미술부 학생들도 미래의 작품세계를 펼치기 위한 무한의 노력들을 하고 있다. 기존 도예작가들의 공부가 필요하면 같은 작품을 몇 년을 전시하는 것은 발 빠르게 발전하는 도자의 세계에서 자리구축이 어려워지게 된다.

역사적인 작품과 생활도예는 다르지 아니한가. 전시장 변화는 곧 도자기 애호가들에게 작품 재생산의 구심점이 될 수 있다.

클레이아크미술관의 분기별 전시는 지역민의 눈높이를 높여주며 즐겁게 한다. 다른 놀이문화에 견줄 만큼 미술관투어의 쏠쏠한 재미는 일상의 재미와 보람이 되는 이유가 된다.

미술관과 진례도예촌을 하나로 묶어 해설자가 동승하는 도자기 투어를 하고 싶다. 홍보가 잘 되지 않으면 좋은 이벤트가 있는지 잘 모른다. 무엇보다 홍보를 철저히 해 누구나 좋은 답사의 혜택을 누리는 시간을 만들며 좋겠다.

미술관 하루 투어에 좋은 작가 선생님들의 작품을 만나고 5월의 봄날씨를 즐기면 도자세상의 이야기를 들었다. 살아가는 재미가 무엇인지 묻는다면 열린 사고와 배움을 같이하는 새로운 세계를 맛보는 것이라고 답한다. 스스로를 위로하는 일은 오롯이 자신을 챙기는 하루가 된다. 바로 자신에게 주는 선물이다.

나에게 특별한 날은 생일이다. 남편에게 "생일선물 뭐 해 줄 거예요"라고 물으면서 얼른 "여행 보내주세요."라고 한다. 시간 선물이다. 마음 놓고 여행할 수 있는 자유를 즐김이다.

스스로 무엇으로 즐길 것인가. 선물이 주어진다면 나를 위해서 써 본다. 한번 써 본 사람은 다음에도 잘 쓰는 능력이 생긴다. 시간은 기다려주지 않는다. 나를 위한 시간 선물을 자주 가지는 계기를 만들자. 횟수가 늘어날수록 사람의 기량은 커진다. 나만의 스토리를 스스로 만들어 보자.

내가 살고 있는 도시 주위에 박물관이 있다. 창녕박물관, 교동 교분군에서 해설사의 해설로 비화가야를 공부했다. 육가야의 역사를 알게 되었다. 도움이 되는 이야기는 바로 내 것으로 만든다. 친구들과 수다 중에 이야기가 된다. 수다 중에 귀한 정보가 들어 있다. 이러한 공공문화관의 활용은 재미를 넘어 더 알고 싶은 욕구를 가지게 된다. 지역의 공공기관의 공간을 방치하지 아니함도 우리의 몫이 된다. 지역민의 관심이 곧 진보로 이어지고 발전하여 살아있는 지식과 지혜가 된다.

마케팅을 위해 일하지 않는다

마케팅이란 "생산자가 상품 또는 서비스를 소비자에게 유통시키는데 관련된 모든 체계적 경영 활동"이라고 해석된다. 제품을 판매하고 서비스를 제공하며 경제적 개념의 상거래에서 볼 수 있는 경영전략이다.

특별한 경영전략은 기업성장으로 이어지면 맞춤형 생산까지 이어진다. 고객이 원하는 곳에는 어디든 찾아가는 마케팅으로 많이 변화되고 있다. 소비자가 자동차를 구입할 때 색깔, 디자인 등 요구하는 자동차를 만들어 주는 일인 고객시대가 열릴 것이다. 미래는 제품을 팔기 위해서는 좋은 상품은 물론 마음까지도 사는 감성마케팅으로 소비자의 마음을 잡는 전략이 필요하다.

삶의 마케팅은 무엇인가? 부모는 늘 자식들에게 착하게 살아야 한다, 부지런해야 한다, 공부를 많이 해 훌륭한 사람이 되어야 한다고 말한다. 노심초사하면서 성공할 때까지 마음을 놓지 않는다. 완전한 한 사람의 어른으로 성장할 때까지 부모의 마음은 자식에 대한 염려로 가득하다. 내 자식이 잘 살게 하기 위한 진실된 삶의 응원이다. 부모들은 무사고 안전과 건강, 좋은 직장, 아름다운 가정을 꾸리는 삶을 원한다. 우리도 부모님이 찾는 삶의 방향을 찾고 있지만 환경과 시대는 다른 삶의 방향을 제시한다.

삶의 마케팅도 변화되고 있다. 공부하고 노력하고 탐구하는 이들은 세계시장으로 시야를 돌리고 필요한 능력으로 갖춘다. 폭넓은 시야는 우리나라는 물론이거니와 인류를 위해 살 수 있는 글로벌 역량을 높여간다. 우리나라가 일일생활권이 되듯이 세계는 한 지붕이 되었다. 세계시장이 요구하는 필요한 능력을 갖추고, 모방의 공부가 아니라 이해로 접근하는 창의적인 사고를 키운다. 여행과 책으로도 간접경험을 쌓는다. 그 나라의 문화를 이해하며 내 것은 옳고 타인의 것은 틀렸다로 인식하지 않는다.

《정감록이 예언한 십승지마을을 찾아 떠나다》에 "이루어지지 않을 것이라고 해서 마음속에 품지 말라는 법 없다. 따뜻하게 품어서 희망의 싹을 키울 수 있다면 품고 사는 것도 힐링이다."라는 작가의 표현에 수긍한다. 꿈을 꾸기만 했지 조금이라도 가까이 가려고 노력했는가.

꿈을 키워가는 과정에도 무지했고 경제적 부담으로 학교를 갈 수 없는 가난이 장애물이라고 여겼다. 길을 열어주는 멘토가 되는 형제라도 있었으면 아마 다른 길로 둘러서라도 가지 않았을까 변명을 한다. 변명이라도 하지 않으면 속이 너무 상할 것 같아서.

요즘엔 공부의 환경이 많이 바뀌었다. 나는 영어공부를 할 때 사전을 찾아서 발음기호로 읽었다. 발음이 완전 이상하다. 지금은 검색천국이 되면서 영어공부가 얼마나 쉬워졌는지 감사할 뿐이다. 이제는 좀 더 업그레이드되는 삶에 투자하는 마케팅이 필요하다. 좀 더 사고하는 힘을 키워서 의탁하기만 하는 무임승차의 삶이 아니라 당당히 몫을 내어놓는 삶이 중요하다.

요즘은 많은 강의료를 지불하고 외국의 유명강사를 초빙하여 강의를 한다. 지방에서도 홍보를 통해 유명강사의 강의를 들으러 서울로 각 지역에서 찾아간다. 뭔가 배우는 것이 있기 때문이다.

이런 유명 강사를 우리는 왜 세우지 못하는가. 우리나라에서는 똑똑한 강사를 외국으로 수출하지는 못하는 건가. 유명강사를 키우게 하기 위해서 부모, 선생님, 선두그룹의 리더들이 뚜렷한 목표의식을 심어주는 일이 어른의 몫이기도 하지만 미래를 보는 의식의 변화를 독서를 통해 리드되어야 한다.

삶의 마케팅 방법을 먼저 교육해야 한다. 어렸을 적 나의 꿈은 여성경영인이 되는 것이었으나 나 혼자의 힘으로는 방향을 잡지 못한 아쉬움이 컸다. 무엇보다 빨리 변하는 사회는 꿈을 펼칠 환경을 갖추고 있다. 벤치마케팅을 제대로 하자. 국가이든, 기업이든, 개인이든, 자영업자이든 정성을 다하자.

창업기업 컨설팅을 하시는 동기생이 있다. 컨설팅팀으로 일하면서 기업과 정부행정의 차이를 역설한다. 정부는 기업경제를 살리자는 지원책을 많이 펴고 권장한다. 기업에서는 지원금을 받아 기술개발로 성장해 사업체를 더 신장시키고 싶어 한다. 정부와 기업의 중간 역할로 적절한 지원과 세금 낭비를 막는 일에 객관성을 가지고 일을 한다. 정부는 정부가 원하는 대로 제대로 이루어지는지 검토하며, 기업은 국민의 세금을 잘 써야 한다.

식당도 양극화가 심하다. 장사가 잘 되는 가게는 손님이 줄을 서고 장사가 잘 되지 않는 가게는 한산해도 너무 한산하다. 장사가 안 되는 이유가 고객의 눈에는 보이지만 주인은 이유를 잘 찾지 못하는 경우가 허다하다. 음식 맛은 다음이다. 먼저 식당 문을 들어서는 순간 가게의 분위기는 주인이 먼저 만든다. 세상에서 제일 귀한 손님이 온 듯 밝은 표정으로 크게 인사를 한다. 정성과 친절이다. 표정이 부부 싸움한 얼굴로 손님을 맞으며 밥맛이 식탁에 앉기도 전에 달아난다. 음식이 아무리 맛이 있어도 가기가 꺼려진다.

부부생활에서도 마찬가지다. 젊은 세대와 베이비붐세대의 사고의 차이는 현저하다. 요즈음 부부는 서로의 생각의 소리가 높다. 서로 다른 환경에서 자란 성별이 다른 남자 여자는 저절로 얻어지는 결혼생활은 없다.

똑똑하다는 의미는 지식이 많은 것이 아니라 지혜롭다에 뜻을 두게 된다. 시집살이 어려움을 호소한 새댁에게는 잠시 동안 어른들을 맞추어주면 나중은 사랑받게 된다고 말한다. 새 식구가 들어오면 시어머니는 가풍에 맞는 우리 사람으로 가르치고 싶어 한다. 지혜로운 며느리는 새 식구가 되는 과정이라 여기며 조금 불편에도 사랑으로 대하게 되면 당연 사랑받는 며느리가 된다. 시어머니는 새 식구 들이는 마음이 좋지만 내색하지 않을 뿐이다. 성장기가 다른 환경은 서로의 갈등을 만들지만 시간이 지나면 조금씩 이해하게 된다.

여기서도 마케팅이 필요하다. 신부수업 교육프로그램에 참가한다. 새로운 가족관계에도 지혜가 필요하다. 먼저 경험한 사람들에게 듣는 일도 마케팅에 속한다.

생활 속에서 먼저 마케팅을 배운다. 적용되지 않는 분야가 없다. 마케팅을 잘 하는 사람은 시장에서도 승리하지만 삶의 현장에서도 한가닥 한가닥 필요한 처세로 성공하게 된다. 생각 없이 시간을 보내는 일은 삶을 낭비하는 일이다. 유명강사에게 고액의 강의료를 지불하듯이 삶의 마케팅을 제대로 하지 않으며 평생 고액의 강의료를 지불해야 한다.

각종 일처리는 성실과 신의를 지키는 마음 자세에서 이루어진다. 사람 중심으로 생각하면 된다. 삶에서도 정성을 다하게 되면 마케팅은 저절로 돼서 내가 목표하는 바에 우뚝 서있다. 공유하는 마케팅은 여러 사람이 잘 사는 사회가 된다. 혼자 잘 사는 게 아니라 두루두루 이웃과 같이 잘 사는 사회이다. 기업 마케팅, 사회 마케팅. 개인 마케팅 등 수없는 마케팅의 최종목적은 우리가 행복하게 잘 사는 일이다.

마케팅은 마음을 움직이는 감동이 있어야 한다. 상대방에게 감동을 주지 않는 마케팅은 실패이다. 마음과 마음의 소통이 공감이다. 감동으로 이어지는 마케팅은 삶의 윤활유가 되고 서로의 마음에 오랫동안 머물게 한다.

chapter 4

일상에서 찾는 행복

일상은 늘 해야 하는 일로 시간을 쪼개어 쓴다. 일어나면 양치질을 해야 하고 화장실도 가야 한다. 반복되는 일이지만 하지 않을 수 없다. 시간을 체크해 보면 그냥 흘려보낸 시간 낭비가 생각보다 많음을 알 수 있다. 자투리 시간만 잘 관리해도 배우고 싶은 언어 하나쯤은 공부할 시간적 여유가 생긴다. 하루의 3분의 1은 하는 일없이 슬쩍 흘려보낸다. 우리 사진 선생님은 늘 하시는 말씀 "죽으면 푹 잘 렌데 뭐 그리 잠을 많이 자느냐." 하신다.

시간은 쓰는 사람에 따라 효과를 발휘한다. 잘 활용하는 사람의 솜씨에 따라 맛나게 만들 수 있다. 시간의 요리사는 정보를, 알고 있는 지식을 활용하고 나누게 된다.

일상에서 꼭 써야 하는 일에는 시간을 쓰지만, 조금만 방치하면 하루 시간이 어떻게 가는지 스스로도 감지하지 못한다. 잠자리에 들기 전 '오늘 뭐했지.' 돌이켜보면 하루의 시간 흐름에 의아해진다.

시간부자인 사람과 시간이 없어도 쪼개어 쓰는 사람과의 차이는 무엇일까? 시간적 여유가 없다고 하는 바쁜 사람들이 자기계발에 더 많은 시간을 할애한다. 왜 그럴까. 그들은 잠시 쉬고는 곧 시간 낭비를 인지된다. 시간을 잘 활용하는 습관이 되어 있기 때문이다. 시간이 많으면 여유롭고 자유로움을 느껴서 좋지만 나태해지기도 한다. 오늘 못하며 내일하지 미루다보면 내일은 항상 내일이 된다. 내일부터라는 유혹이 나를 늘 편안하게 한다. 그래서 '지금이다'는 마음의 각오를 세울 필요가 있다.

일상이라는 시간 자산을 잘 쓰는 사람이 분명 큰소리치는 세상이다.

자신감이 충만하기 때문이다.

멋진 산대장을 만났다. 이름은 김영식 산대장이다. 34년 산행의 노하우는 즐기는 일을 넘어서 전문인이다. 길을 잘 찾지 못하는 사람을 우리는 길치라 한다. 길치이므로 항상 선두에 서지 아니하고 따라다닌다. 김영식 대장님은 선두에서 낙엽 쌓인 길을 뒷걸음 없이 그대로 진행한다. 감탄스럽다. 어떻게 길을 잘 찾는지 물었더니 하시는 말씀 "하느님께서 재주 하나를 주었는데 이것인가 봐요."라고 겸손하게 답하신다. 선천적인 재주에 긴 시간의 꾸준한 일상이 모여 하나의 전문인을 탄생시켰다. 이 분은 산길을 찾는 사람들에게 구세주이다. 산대장님의 일상이 모아져서 주위 사람들에게 도움을 주는 공인이다. 하루하루의 일상이 나를 만들고 이웃을 위하는 행복이 된다. 우리는 이런 삶을 좋아하고, 사람을 존경한다.

일상에서 또 행복을 찾는 작가님이 계시다. 이은대 작가님이다. 작은 비용을 한 번 지불하면 평생 무료수강을 할 수 있다. 자본주의 경제사회에서 이런 분이 계시구나 의아했다.

일상에서 찾는 행복은 좋은 분을 만나는 일이다. 이런 선생님을 닮으려 노력하고 어긋나지는 않으려 한다. 베푸는 마음은 상대방이 먼저 알아본다. 일상의 행복이 곧 삶의 행복이 된다.

일상은 특별하지 않다. 평범하지만 버릴 것이 없다. 씨 뿌린 후, 수확을 기다리듯이 때가 되면 거둘 것이 있다. 42,195킬로미터 마라톤도 한 걸음부터 출발한다. 지금이다. 우리에게 이 시간은 진리가 된다.

'천천히'라는 단어의 의미

네이버에서는 골프는 "코스 위에 정지해 있는 볼을 클럽으로 쳐서 정해진 홀에 넣어 그때까지 소요된 타수로 우열을 겨루는 경기"라 정의하고 있다.

야구는 살아 있는 볼의 경기이지만 골프는 죽어 있는 공 즉 정지된 공을 골프채로 쳐서 홀에 넣는 스포츠이다. 18홀 경기의 걷는 거리는 약 6Km이며, 약 4시간이 소요된다. 우리나라 도입 시기는 1890년경으로 부의 상징인 운동이었다. 요즈음 골프를 하는 애호가들이 증가하고 연령대도 많이 낮아져 어느 골프장에든 젊은 층 비율이 높아졌다. 학교에서도 특별수업으로 초등학생들에게도 가르치고 있다. 특히 우리나라 LPGA, PGA 대회의 우승율이 높은 영향도 크다 할 수 있다.

산을 탈 때 골프장 옆을 지나게 된다. 잘 다듬어진 푸른 초원에서 여유 있게 운동하는 사람들을 보게 된다. 이쁜 골프웨어에 티샷을 하고 여유롭게 이동하는 모습을 보면서 골프를 배우고 싶다는 욕심이 생겨 어설프게 시작해 운동으로 즐기고 있다. 산 정상을 향해 등반하는 오름도 좋지만 초원에서 여유 있는 운동도 색다른 경험이 되겠구나 싶어 골프를 시작했다.

모든 운동에는 임계점이 있다. 실력이 향상되어 적당한 수준까지 이르면 자만하게 된다. 이 정도면 친구랑 게임을 할 수 있겠다 싶으면 쉬엄쉬엄 연습하고 즐긴다. '선수될 것도 아닌데 뭐 그리 열심히 연습해. 적당히 하자.' 이게 문제였다. '적당히'라는 아주 보편적인 이야기에 유혹되니 언제나 게임의 타수는 처음에는 85타에서 100타수로 하락. 실력은 향상될 기미를 보이지 않는다. 무엇이 문제지? 문제점을 찾는데 10여 년이라는 시간이 소요되었다. 리듬이 문제였고 속도가 화근이다. 빠른 성격 탓이다. 예를 들어 걸음걸이도 빠르다. 남편에게 어떤 일을 부탁한 일도 기다리지 못하고 내 손이 먼저 간다. 골프도 마찬가지이다. 늘 빠른 샷이다. 그러니 당연 헤드업이 되면 공을 보지 아니하고 먼저 머리와 몸이 나가니 공은 주인님하고 부른다. 악순환이다. 리듬을 알지 못하고 놓쳤다.

늘 게임에서는 하위권이다. 오호 통제라. 매너게임이니 속사정으로 표현하려니 나쁜 성격을 지닌 사람으로 낙인찍힐까 하는 염려로 마음과 표정을 관리하려니 속에서 부글거리는 화의 씨앗은 멈출 줄 모른다. 화를 내고 투덜거리지 않으려고 무단히 노력한 결과가 정말 잘했어라는 칭찬을 받게 된다. 드디어 원인을 찾았다. 천천히 빠르지 않은 샷이다. 천천히 치니 임팩트 순간 공을 보게 되고 헤드업이 없으니 공은 저절로 된다.

중요한 샷의 기본원칙을 10여 년 만에 깨우쳤다. 포기했을 시간이다. 임계점을 넘지 못했지만 기다렸다. 우리는 전문가가 되는 시간 투자를 특별한 사람은 제외하고 보통사람들은 10년 정도를 보고 있다. 10년을 하고 나서야 '천천히'라는 세 글자가 눈에 들어왔다. 다음에는 잘 할 수 있다는 기대에 괜찮은 척 억지로 참고 긴 시간을 왔다. 깨우침의 순간, 기분은 날아갈 듯하다. 하나의 발견의 희열이고 무한 반복한 결과의 행복감이다.

어느 운동이든 임계점을 넘어서지 않으며 늘 실력은 그 자리에서 머문다. 즐김은 되지만 향상은 어렵다. 유명한 야구선수가 기자와의 인터뷰에서 천재성이 아니라 남들보다 더 열심히 연습한 결과라 말한다.

나하고 맞지 않는 운동이기에 포기했다면 일상이 편했을 수 있다. 작은 마음의 상처로 씩씩거리며 내색하지 않은 마음의 다스림이, 포기하지 않는 마음과의 주고받는 교류의 힘이 되어 여기까지라는 결과에 왔다.

기쁨이라는 행복한 마음이 화나는 일을 상쇄시킨다. 화를 잘 내는 성질 고약함은 물론 매너 없는 사람으로 이미지에 타격을 줘서, 같이 운동할 사람도 차츰 없어지게 한다. 화나지만 참을 수 있는 마음의 통제가 그 사람의 성품이 된다. 만약에 골프와 맞지 않아 쉽게 포기했다면 고생 끝에 보람이 있다는 단순한 진리는 포기에 묻혔을 것이다. 잘

치는 방법을 체득한 인고의 시간에 감사한다.

이제는 골프가 사치의 운동이 아니라 누구나 쉽게 접근할 수 있는 운동이다. 시간이 없는 분들은 짬짬이 시간을 내어 연습장에서 실력을 연마해 두면 기회가 오게 된다. 운동할 시간이 주어진다. 요즈음은 실내 스크린이 잘 발달되어 골프에 빠져 과한 행동만 보이지 않는다면 미리 골프를 배워두는 것이 나중에는 쉽게 접근할 수 있는 운동이다. 누구나 초보 시절은 있다. 초보운전자의 마음으로 임하면 모든 게 가능하다.

봄볕으로 잔디는 파릇파릇 새순을 보인다. 주위의 나무는 연초록의 새순이 돋아 이제는 제법 나뭇잎 색깔을 낸다. 시원한 바람이 볼을 스친다. 꽃들은 활짝 만개했다. 골프장의 인공적인 조경이지만 자연과 함께 마음껏 뽐내고 있다. 자연과 운동, 동반자와의 웃음소리, 새소리 벌레소리로 귀로 전하는 울림이 즐겁고, 마음공부까지 덤으로 주니 이 또한 기쁘다.

어떤 운동이든 마음에 가는 운동이 최고이다. 사람마다 적성에 맞는 운동이 있다. 탁구를 좋아하는 사람이 있는가 하면 마라톤을 좋아하기도 한다. 나름 체질에 맞는 운동을 찾는 일도 취미에 건강까지 지킬 수 있는 덤이 된다.

골프는 자연과 함께하는 운동이다. 계절마다 변화되는 자연과 함께 동반자와 정을 나눈다. 혼자 운동이 아니다. 동반자와 협력의 관계가 된다. 골프의 공간은 팀원과의 협력을 키우면 공감하는 배려를 배우게 된다. 자연공간을 나에게 이로운 방향으로 이용하게 된다. 상대가 만들어 주지 않는다. 스스로 만들어 가는 공간 활용에 공감을 키운다.

잔디 위를 걷고 싶다면 지금부터 시작하는 용기도 필요하다. 자연이랑 같이 걷는 운동을 하고 싶다면 지금부터 시작하는 용기가 필요하다. 인내를 배우는 운동을 하고 싶다면 지금부터 시작하는 용기가 필요하다. 동반자를 배려하는 운동에 자신이 없다면 지금부터 시작하는 용기가 필요하다. 운동을 하다보면 배려를 배우게 된다. 누구와 비교하지 않으면 스스로 좋아하는 일에 삶의 시간을 나누어 쓰는 일에 적극 동참함이 행복이다.

이제는 게임이 아니라 자연과 함께하는 4시간의 자연치유의 공간에서 나누는 대화가 된다.

인내가 만들어준 선물에 감사한다.

산길에서 찾는 일상

⊙ 부산 금정산 상계봉(640). 파리봉(615)
⊙ 코스 : 금강공원공영주차장 - 케이블카 - 휴정암 - 남문 - 상계봉 - 파
  리봉 - 공해마을(산성마을)

겨울날씨답지 않게 따뜻하다. 하늘은 구름을 시집보내는지 한적하
고 깨끗하기만 하다. 바람은 낮잠을 자는지 집안 분위기는 조용하다.
금강공원의 아침은 분주하다. 산을 오르려는 사람 소리로 자연을 깨
운다. 나무와 풀들은 햇볕을 받으며 밤새 움추린 자세를 털고 일어난
다. 집 떠나옴이 행복세례가 된다. 금강공원 근처 좋은 환경을 가지고
사는 시민은 자연혜택 세금을 내야 하지 않을까. 이들은 대문을 나서
며 숲이 정원이다. 최고 느린 속도로 걷는다. 자연의 소리는 누구에게
다 들려주는 것이 아니라 귀 기울이는 자에게 들려주는 작은 메시지
이다. 보물 금정산은 도심을 끼고 시민들에게 좋은 공기와 휴식 할 수

있는 쉼터가 된다. 우리나라 국토의 70%의 산은 건강 지킴이가 되어주니 감사하다.

케이블카로 이동하니 쉽게 중턱에 선다. 케이블카 정류장은 깨끗하게 정리되어 손님을 맞는다. 간이식당 주인은 친절하다. 어묵 5개 오천 원이지만 7개를 준다. 고마운 사장님.

휴정암까지의 산길은 편안하다. 암벽에 새긴 삼존불상이 야무진 모습으로 내려다보고 있다. 1950년대 조각기법으로 제작된 믿기지 않는 오랜 역사의 흔적을 가진 불상이다.

날씨는 사람을 편안하게 해준다. 춥지 않으니 서두르지도 않는다. 급히 갈 이유가 없다. 아직 가을 야생화는 나그네의 눈길을 끌면서 독야청청인 듯하지만 가고 또 올걸. 천천히 걸으니 오히려 눈에 보이는 것이 더 많다. 천천히 걷고서야 알게 된다. 더디게 가는 일이 더디지 않다는 것을 알게 됨은 세월이 흐른 뒤다. 날씨까지 도와주니 금정산 산행이 아니라 둘레길 걷기이다.

금정산성의 남문을 통과한다. 좌측으로 길 따라 걸으며 상계봉에 이르게 된다. 화강암의 큰 바위들은 도시근교 산에서 보기 드문 암릉이다. 규모와 기암으로 웅장함이 대단하다. 이름을 가진 등바위, 베틀굴, 영감바위, 할멈바위 등. 서로를 자랑하듯 뽐내고 있으니 바라보는 일만으로도 즐겁다. 추억을 남기는 일은 인증 샷이다.

파리봉으로 걷는다. 파리 떼처럼 사람들이 많이 모이는 곳인가. 봉우리 이름이 별나다. 사람들이 햇살을 받으며 음식을 나누어 먹고 있다.

산우님들과 나누어 마시려고 뱅쇼를 만들어 왔다. 우리나라에는 생강차, 대추차가 있듯이 유럽에는 와인을 끓여 만든 뱅쇼가 있다. 와인의 알코올 성분을 날려 보내고 사과, 레몬, 오렌지, 시나몬 스틱 2개, 정향 등을 준비한다.

대략 뱅쇼를 만드는 방법은 다음과 같다.

1. 준비한 과일 깨끗이 세척(끓는 물에 오렌지와 레몬을 굴려내며 확실한 세척)
2. 준비한 과일 적당한 크기로 슬라이스로 썬다
3. 냄비에 준비한 재료를 넣고 레드와인을 붓는다.
4. 팔팔 끓이지 아니한다. 끓기 시작하면 불을 낮추어 은근하게 20-30여 분 끓인다.

뱅쇼는 대인기이다. 나누어 먹는 즐거움이다. 산에서는 먹는 일이 즐거움이 된다. 색다른 음식의 별미는 구미를 돋우고 당연 인기다. 늘 먹는 음식보다 새로운 음식은 정성으로 느껴진다. 바쁜 시간 내어 만들어 오는 음식을 산우들과 함께 나눠 먹을 땐 행복시간이다. 뱅쇼는 체력보강용이기도 하다. 흔히들 당분이 떨어지면 한 발자국도 옮길 기력이 나지 않는다. 이때 초콜릿이라도 먹으면 기운을 회복하게 되지만, 과자류보다 과일이나 특별식을 준비하게 된다. 특별식은 누구나 좋아하는 메뉴이다. 산우님들의 먹거리도 나누고 칭찬도 나누고 자연의 아름다움도 나누는 시간이다. 어디든 나누는 마음이 많을 때 각박해지지 않는다. 집집마다 냉장고에 먹거리가 넘친다. "조금씩 갖고 오셔요. 산에 오면 다 맛있어요." 산쟁이들의 모습이다. 산 프로들이다. 취향이 같은 사람들 모임이니 정 나눔도 깊이 있으며 오래간다.

산행 속도가 느려 혹시 약속한 하산시간에 도착하지 못하면 산우님들에게 민폐를 끼친다. 식사시간을 제외하고는 옆으로 눈을 돌릴 시간도 없이 걷는 것이다. 정상 밟기를 1,000회까지는 그랬다. 그러나 이제는 오직 걷기만 하는 산행이 아니라 이제는 자연의 소리를 듣고 싶다.

장석주 작가의 "동물에게는 경이가 없다. 오직 사람만이 경이를 느낀다. 더 많이 경이를 느끼는 사람이 더 풍요롭게 사는 사람이다. 경이는 예민한 감응력이 있을 때 일어나는 마음의 파동이다. 모든 자명한 것에서 새롭게 경이감을 느낄 때, 우리는 그만큼 더 행복해진다."

이 글에서 대강 스치는 시선이 아니라 예민한 시선의 한복판에 서서 경이감을 잡아내는 진솔한 마음의 파동은 삶이 비록 고달프더라도 개의치 않는 든든한 자존감이다.

산 타기를 빠름보다 느림으로 전환하고 산속에서 몇 시간을 시냇물 흐르듯이 편안하게 보낸다. 숲속의 소리를 들을 수 있는 여유가 생긴다. 이제는 빨리 걸으려 하지 않는다. 시나브로이다. 6킬로의 거리를 6시간 동안 산속에서 지낸다.

파리봉에서 옛 산성마을로 하산한다. 현재 이름은 공해마을이다.

파전에 동동주 한 잔 어떤가. 금정산성 먹거리촌은 부산집, 초연집, 함지박 등등 파리봉을 타고 내려오는 하산객은 여기를 그냥 지나칠 수 없다. 금성산성 막걸리에 파전. 한 쌍의 콤비가 되면서 출출한 객들에게 소박한 즐거움을 준다. 재료가 먼저 풍성하다. 쪽파, 새우살, 쇠고기, 대합살, 조갯살, 미나리, 찹쌀가루, 계란 등등 양념이 들어간다. 맛은 당연하다. 좋은 재료로 요리한 파전은 허기진 배를 채워주니 그 맛은 일품이다. 그곳을 지나야만 교통수단을 이용할 수 있으니 우리 가게로 손님을 불러 들이는 일은 식은 죽 먹기이다. 파전집 집성촌이다.

금정산(801m)은 한 달 동안 다니면 전 코스 답습을 끝낼 수 있을까. 산중에는 약수터가 14군데가 있고 수목 2,300여 종과 600여 마리의 동물이 서식한다. 유명 사찰 범어사가 있는 곳이다. 성지곡공원, 금강공원, 금정사, 금강사가 있다.

금강사에는 매년 차밭골축제가 열리기도 한다. 축제기간에 가면 곱게 차려입은 차인들의 차 솜씨를 보며 차를 마시게 된다. 나들이도 좋을 듯하다.

고당봉에서 금샘으로 이어진다. 금샘에 비친 아침 해는 황홀지경이다. 가진 것 모두가 보물이다. 사람들에게 사랑받는 이유이다.

몇 번 다녀간 곳이지만 처음 찾는 산으로 보인다. 한 번으로는 보이지 않은 사물들이 다시 보니 보인다. 다음에 다시 보면 또 나른 새로움이 보일 것이다. 바쁜 마음에 한 번 다녀온 곳보다 한 번도 가보지 않은 산을 선호했다. 잘 기억하지 못하면서 건방을 떠는 일이다. 예사로이 보지 아니하고 정성 들이면 눈에 보이지 않았던 것이 새롭게 보인다. 이제는 새로운 것만 찾는 것이 아니라 눈에 보이는 풍경 이면에 숨어있는 풍경을 보려고 한다. 빠름을 조금만 느림으로 바꾸면 기억 속에 사라진 것과 같이 새로운 풍경이 마음의 감동으로 차게 된다. 바쁠 게 없는 느림으로 다시 보는 사물들. 익숙함이 마음을 편하게 하는 삶의 리듬을, 걸으면서 몸으로 느끼게 된다.

사랑한다는 말을 늘 하고 싶다

　　23살에 시집을 왔다. 2남 5녀 막내로 자라다보니 부모님의 귀여움으로 부엌살림은 하지 않았다. 직장생활 하는 이유로 엄마가 해 주는 밥 먹고 출근하는 편안한 여식으로 지내다보니 라면을 끓일 정도의 가사노동이 전부이다. 라면은 끓일 줄 알지만 반찬이니 살림은 젬병이다. 신혼여행 도착 첫날부터 어른들과 일상이 시작된다. 긴장 플러스 주눅. 공식에 맞지도 않는 시집살이 시작이다. 남편은 아무것도 모르는 새댁을 시댁에 데려다놓고 직장으로 출근한다. 세끼 식사준비가 하루의 일과이다. 우리는 흔히 이야기한다. 무식이 용기이다. 단지 무한긍정과 무조건 복종이다. 다른 집안끼리 맺어진 인연이다. 살아온 집안의 상황이 다르고 가정문화가 다르니 서서히 소리가 나기 시작한다. 시집살이 10년이라, 귀머거리 3년, 벙어리 3년, 봉사로 3년이라는 세월 속에 묻혀가는 것이라 한다. 말 못하는 시집살이는 위장병 발병의 원인으로 한몫을 하게 된다.

15여 년의 시어른들과 한 지붕에서 살았다. 잘 모시지는 못했지만 시집생활은 그리 편치 않았다. 시간의 소중함보다 하루를 무사히 보내는 일이 먼저였다. 신혼의 알콩달콩함이 아니라 항상 어른들이 우선이고 오직 가정평화가 우선이었다. 가족 중 한 사람이라도 참지 않으며 집안 분위기는 늘 시끄러웠다. 좋지 않는 집안 분위기를 정상으로 돌리기 위해서는 잘못했든, 하지 않았든 최종 결과는 "잘못했습니다"로 답을 드려야 했다.

어른들 두 분 돌아가시니 시집살이도 끝이 났다. 이제는 남편과의 합을 맞추며 사는 부부생활이다. 어른들과의 관계도 힘들었지만 부부생활에서도 만만히 볼 게 아니다. 정서가 안 맞는 일은 여전하다.

부부생활의 불편은 '사랑한다'는 말을 잘 표현되지 않음이다. 아내도 남편도 마음이 편할 때 사랑한다는 말이 나온다. 부부는 고운 정 미운 정으로 산다고들 한다. 그러지 아니하고는 평생 고락을 같이하기는 그리 쉽지 않음이다. 기성세대의 남편들이 모두 획일적인 사고를 가진 것은 아니지만 보편적으로는 남자가 우월하다는 생각을 가지고 아내들을 힘들게 한다. 어떤 남자는 술주정으로, 도박으로, 바람기로 아내를 힘들게 한다. 성격의 난폭성과 언어폭력으로 연약한 여성의 마음에 상처를 주기도 한다.

사랑한다는 말을 하기 싫은 이유를 나열해 본다. 이것만은 고쳐주셔요 늘 말해도 상관치 않는다.

"화장실 뚜껑 좀 올리고 볼 일 보셔요."

"머리카락 휴지통에 담아 주세요."

"퇴근 후 갈아입는 옷 걸어두셔요."

"담배 피지 마셔요. 술 조금 드셔요."

평생을 일러도 듣지 않는다. 사소한 작은 일들이 마음을 편하지 않게 한다. 이미 포기했다.

사랑한다는 말을 하고 싶을 때는 언제인가. 마음이 통할 때 사랑이라는 말은 저절로 나온다. 지나친 요구는 화가 되지만, 부부간이라도 서로에게 피해를 주는 일이 없어야 한다. 배려는 사랑이다. 사람은 항상 간사하다는 말을 많이 한다. 사랑한다는 말을 하고 싶다가도 섭섭하면 마음은 미움으로 어찌 할 줄을 모른다.

남편의 위치. 가장의 위치. 힘을 요하는 일은 남편의 몫이 된다. 가장으로서 책임을 가지고 경제적인 부분을 책임지는 일은 더 큰 몫이다. 직장인의 노고를 우리는 잘 알고 있다. 그런 부분들이 남편의 어깨의 힘을 덜어주려고 한다. 남편의 수고를 인정하지만, 가정으로 돌아오면 남편의 작은 생활습관이 화나게 한다. 포기하는 수준에서 받아들이자로 마음을 내려놓지만 잘 되지 않는다. 남편의 지혜는 작은 생활습관을 고치고 사랑받는 일이다. 같이 가려니 고칠 것은 고치고 나눌 것은 나누는 사고의 변화를 기대함이다.

기업에서도 조직에서도 늘 회의를 한다. 발전적인 방향으로 가기 위한 성장의 과정이며 누구나 일하기 좋은 직장으로 만들어 가는 과정이 있다.

가정에서도 상의가 필요하면 가족끼리 난 이것이 불편하다, 이런 도움이 필요하다, 이것을 갖고 싶다 등을 이야기하는 소통이 필요하다.

남편의 의식이 변화되지 않을 때 어떻게 해야 할까. 참 어렵다. 삶의 불편함으로 이어지니까 내가 바뀌어야 한다. 이것이 최선의 방법이라는 것을 살면서 체득한다. 내가 바뀌지 않으면 가정은 시끄럽게 된다. 남편이 서서히 바뀌어 가는 것을 기다리지 않으면 힘든 사람은 아내이다.

새벽 6시쯤 차량이 지나가다 불편하니 차 좀 옮겨달라는 전화가 왔다. 남편은 상대쪽의 차량에 연락하지 왜 우리한테 전화했다고. 새벽 잠에서 깨기 싫으니 짜증을 낸다. 우리 집 앞에 잘 주차했는데 자고 있는 사람에게 왜 귀찮게 전화하느냐면서 성질을 부린다.

"저쪽 차주가 전화를 받지 않는데요. 어서 가서 해 주고 오세요."

어린아이 달래듯하지만 여전히 잠이 덜 깬 상태에서 성질을 낸다. 꼭 그렇게 나에게 화를 내어야 하는가. 지금까지 살아오면서 겪은 여러 성질의 원인이 너무 황당하면 어이가 없다.

사회생활의 결핍자도 아니다. 바깥생활에서는 칭찬을 듣는 사람이다. 그러면 왜 유독 집에 있는 아내에게만 성질을 부리는 것인가. 묻고 싶다.

장문의 편지를 쓴다. 힘든 시간이 주마등처럼 지나가면서 눈물이 흐르기 시작한다. 포기하자 욕심 부리지 말자. 남편의 고집과 성질을 고치기에는 너무 많은 시간이 흘렀다.

답안은 이러하다. 혼자일 때 옛날이야기 하면서 자유를 누리자. 이것은 희극임과 동시에 비극이다.

서서히 고치겠다. 미안하다. 답장이 왔다. 감사의 편지이다. 아무런 반응 없이 또 성질을 낸다면 그것 또한 받아들여야 한다. 시끄럽게 하기 싫은 부부생활의 기본이다.

부부의 관계에서 일어나는 일들은 정답이 없다. 서로 잘잘못을 따지기 전에 이해와 배려의 문제이다. 네가 옳으니 내가 옳으니 하는 부분이 아니다. 서로 조금씩 양보하는 문제이다. 큰 싸움이 일어나기 전에 내가 뒷전으로 물려서니, 남편 스스로 한발 후퇴하는 것이다. 옛 어른들의 하시는 말씀은 "살아봐야 한다."는 명언은 늘 함께 가는 생활의 지침이다. 부부의 생활이 처음에는 사랑이라는 단어가 먼저이지만 오랜 시간 살다 보면 미운 정 고운 정으로 쌓여간다. 혼자가 편할 때가 많지만 영원히 떠나고 혼자일 때, 있어야 하는 사람이 없을 때 공간의 허전함을 미리 예측해 본다.

사랑을 말로만 하는 것이 아니다. 사랑은 마음이다. 사랑보다 높은 단어는 이해와 배려이며 양보하는 행동이다. 남편의 성질을 고치겠다고 서로 대응했다면 우리의 부부 인연은 지금까지 가능했을까. 잠깐 떠나는 혼자일 때와 돌아오지 않는 상태에서 혼자일 때의 상황은 아주 다르다.

부부학이라는 학문으로 정신을 분석하는 연구가 필요하다. 평생을 살아도 이해되지 않은 부분을 가지고 산다. 이해를 다 하는 시기는 이미 손에서 모든 것이 떨어져 나가는 소유가 없는 시기일 것이다.

남편이든 아내이든 누구 한 사람이 참는 일은 불행한 일이다. 다른 일은 잘 하지 않느냐는 억지 위안은 잠깐은 위로가 될는지 모르지만 장기간에는 마음의 병이 쌓인다.

성격 차이로 빚어진 작은 일들이 모여 부부 갈등으로 이어진다. 서로의 합이 맞아 갈등 없이 잘 지내는 부부를 보면 우리는 천생연분이라 한다. 사이가 좋은 친구 부부가 있다. 부부싸움을 전혀 하지 않고 서로 존경하는 모습이다. 대화에서도 극존칭은 아니지만 존대어를 쓰고, 아내가 차리는 밥상의 감사함을 안다. 아내가 만든 반찬을 맛있다고 자랑한다. 반찬솜씨를 인정하는 칭찬을 아끼지 않는다. 아내에 대한 사랑이다.

어찌 사랑하지 않는 삶을 행복한 삶이라 할 수 있는가.

세상의 남편들은 권위에, 보수적인 성격에 힘을 과시해야만 아내들에게 군림하는 것으로 잘못 착각하고 있다. 부부는 같이 나눌 때 사랑한다는 말을 하고 싶어 한다. 남편의 생활습관의 작은 일들이 화가 난다. 뭐 저런 일로 하고 시원찮게 생각할 수 있지만 매일 같이 사는 입장에서는 무심한 행동에 스트레스를 받게 된다. 작은 배려는 사랑받고 있다는 기분이 든다. 누구도 대신해 주지 않는 사랑의 표현방법이다.

하느님은 남자와 여자를 어울려 살게 하기 위해 성향이 다른 종족을 만들었다. 서로 보완해 살게 한다. 스스로의 약한 자는 강한 자에게 보호 받는다. 힘이 약한 여자는 그를 돕는데 정성을 다한다. 사랑 받고 싶은 마음은 사랑하고 싶은 마음이다.

부부인연은 끊어질 듯하면서도 끊어지지 않는 참으로 묘한 힘이 있다. 제일로 든든한 삶의 동반자로 자리매김했다. 남편의 아내는 또 세월 속에 묻혀 같이 살아가고 있다.

일상에서 부부는 가정이라는 공간의 울타리가 있다. 든든한 후원자이며 사랑스러운 존재이다. 평생부부는 삶을 마감할 때는 서로 상을 내려야 한다. 서로 감사함의 표현이다. 남편만 다 잘못하는 것은 아니다. 남편도 아내의 부족함을 이야기할 것이 있다. 서로 대화하면서 보완하고 고치는 마음가짐이 중요하다. 부부 갈등으로 사는 삶은 억울하다. 세상의 모든 남편과 아내여. 사랑한다는 말을 늘 하고 살자. 부부는 무촌이다. 공감의 공간에서 서로 배려하는 삶이 제일이다.

남편과의 외출

제일로 가까운 사이이지만 약속하기에 힘든 사람이 남편이다. 같이 외출하는 일은 참으로 어렵다. 약속하고 시간 맞추고 의논 후 일정을 잡는다. 특히 더 어려운 약속은 같이 하는 여행이다. 항상 지켜지지 않는 약속인 줄 알지만 혹시 하는 기대감으로 창녕 방향으로 나들이를 잡았다. 집안일을 정리한다. 이제는 출발하는가 보다. 드디어 남편의 본심이 드러난다. 날씨가 덥다. 지금 출발하면 언제 다녀오느냐면서 꽁무니를 내린다.

'그러면 그렇지 어찌 쉽게 가자에 답을 했을까.'

마음을 비우는 것이 내 건강에 도움이 된다. 스트레스로 생각하면 무한정 받게 된다. 주위 분들은 왜 같이 다니지 않느냐 질문한다. 정말 같이 다니고 싶다.

몇 년 전 결혼기념일에 특별한 약속을 했다. 영덕 대게 한번 먹고 싶다는 요청을 했다.

대답은 승낙이다. 당일 아침이다. 영덕까지 가려면 일찍 서둘러야 한다. 차량이동만 2~3시간은 소요된다. 아니다 다를까 11시쯤 못 이기는 표정으로 나서지만 이미 결혼기념일 특별계획은 수포로 돌아간다. 화가 치민다. 이 사람의 성격인지. 아니면 무성의인가. 바라고 기대하는 것이 큰 잘못이다. 창원에서 영덕이 아니라 간 곳은 40여분 거리의 김해이다. 차로 움직이다 보니 김해 방향이다. 도로가에 대게식당이 보인다. 오늘의 목적지는 영덕 대신 김해대게식당이 된 셈이다.

동남아 크루즈여행을 처음으로 하게 되었다. 4천여 명이 승선하는 대형 선박이다. 크루즈의 첫 여행은 즐겁. 새로운 경험을 좋아하는 성격이니 당연 설레임과 기대이다. 승선까지는 별 일 없이 승선한다. 룸에 도착해 캐리어를 기다리고 있는데 두 개 중 하나가 도착되지 않는다. 남편에게 찾아 오셔요 하지만 꼼짝을 하지 않는다.

용기를 내어 직접 찾아 나섰다. 워낙 3천~4천 명 승선하는 대형선박이니 동서남북 구조를 알 수가 없다. 모르면 무조건 묻는 것이 최고라는 긍정의 마인드를 가지고 지나가는 직원이 보이면 무조건 바디랭귀지로 묻는다. 드디어 찾은 곳은 1층 보관소이다. 이유는 위험물질이 있다는 직원의 말이다.

캐리어를 오픈하니 소주가 반입 허가 검사에 불허였다. 받아들고 나오면서 얼마나 속상했는지. 배려 없는 남편과 여행은 왜 왔을까. 나시는 같이 여행하는가 봐라 하는 마음이 있었지만 부부의 갈등은 시간이 해결해 준다. 다른 특효약이 없다. 시간일 뿐이다. 또 새로운 갈등이 발생하는 순간을 조금만 참으며 포기가 약이 되는 순간을 체험하게 된다.

얼마 전까지는 서로 다름에 모든 것을 맞췄다. 화가 나면 최악의 순간으로 달음질한다. 틀린 것이 아니라 성격이 다른 것에 초점을 맞추려고 노력하니 그 결실을 보게 되었다.

먼저 스스로가 더 편해졌다. 이것을 왜 모르고 같이 달리려고만 했을까. 완전포기는 아니지만 다른 것에 더 비중을 할애해서 얻은 결과이다.

성격의 차이를 뛰어넘어 가정을 이루고, 경제를 책임지고 육아에 이르기까지 작지 않은 일들을 같이 맞추어 나가는 일을 하다 보니 성인군자가 따로 없다. 부부생활을 하면서 화를 참고 맞춰 나가는 마음의 여유는 깨달음과 더불어 삶의 지혜까지 얻게 된다.

옛날 같으면 약속 취소에 화를 참지 못 할 것이다. 이제는 화가 나지 않는다. 적당히 포기하고 기대한 내가 바보라는 서글픈 결론을 스스로 내린다.

남편과 유일한 외출은 계모임이나 집안 경조사 모임이다. 같은 취미로 산을 다니고 여행을 다니며 운동을 하는 부부들이 부럽지만 형편대로 산다. 남편과의 다른 성격에 어떤 치료약이 없다. 느긋해지면서 포기가 아닌 너그러움으로 여유를 가지는 성격으로 바뀌면서 부부생활의 작은 다툼은 없어지고 동시에 받아들이는 지혜를 배우게 된다. 서로를 우대하니 가정은 더 편안해지고 찌푸린 얼굴이 밝은 표정이 된다. 많은 욕심을 부리지 않으면서 더 좋아진다. 생각의 차이가 부른 행복의 밑거름이 된다. 요구보다 배려, 나눔이 먼저이면 화내는 게 얼마나 어리석은지를 깨닫게 된다.

아내의 위치에서 남편에게 바라는 남편의 위치를 이야기하며, 남편의 위치에서 보는 아내의 모습은 어떨까. 남자의 의식구조보다 본성을 먼저 알고 싶다. 여자의 본성과 달라도 너무 다르다. 보통 이야기할 때 부부의 성격이 서로 달라야 산다고 한다. 같으면 오히려 결혼생활이 더 힘들다고 한다. 한 사람이 소심한 성격이라면 한 사람은 대범한 성격으로 서로 절충하는 방향으로 이루어질 때 같음보다 부부의 성격 다름이 원만한 가정생활이 될까?

늘 잘못하는 것을 지적하게 되면 고치겠지 하지만 고쳐지지 않는다. 칭찬이 사고의 전환이 된다. 잘못의 원인을 설명하고 인정하게 하려고 애쓰지 않아야 한다. '잘 했어요' 바꾸어 말하며 사람의 마음은 더 잘 하고 싶은 마음의 변화를 우리는 알고 있다.

친구들의 부부생활을 보면, 한 친구도 부부 성격이 같지 않음을 알 수 있다. 달라도 얼마나 다른지. A친구는 남편의 무거운 몸 때문에 운동을 권유하지만 다이어트는 관심이 없는 듯하다. B친구는 남편이 아프다. 남편의 건강 챙기는 일에 정성을 다하지만 정작 본인은 몸을 아끼지 않는다. C친구는 세끼 식사를 꼭 챙겨주어야 한다. D친구는 남편이 음주운전이 일등이라서 자동차 열쇠를 자주 빼앗으려 한다. 하나하나씩 가지고 있는 문제점이 마음이 들지 않지만 잘 하는 게 분명 있기에 묻혀간다. 남편의 문제점을 시간에 맡기고 스스로 고쳐주기를 바라는 마음이다.

남편에 대한 기대치를 버린다. 혼자 할 수 있음을 몸소 실천하며 삶의 진정성 방향으로 이끌고 나간다. 내가 포기하고 변화하니 우리 집 안에 변화가 왔다. 가고 싶은 곳을 나열하니 한 달에 한번이라도 나들이를 하게 되고 함께 운동을 하자고 한다.

진주 수목원 가을 단풍 길을 남편과 걷다니, 작은 행복에 감탄하는 모습에 스스로 놀란다. 여자의 소소한 행복은 큰 것이 아니라고 누가 이야기하겠는가. 곳곳의 아름다운 곳을 남편과 함께하는 여행의 시발점으로 이어지기 바라는 마음이다.

겨울철이 이쁜 을숙도에 갔다. 김해공항에서 뜨는 비행기는 쉼 없이 비상하고 있다. 철새들의 휴식처. 사람들보다 철새들에게 먼저 알려진 곳이다. 한때 쓰레기매립지이자 대파 밭인 곳이 복원공사로 을숙도공원으로 시민들이 늘 찾는 곳이 되었다.

을숙도에는 부산현대미술관이 있다. 랜덤인터내셔널 '레인룸'에서 특별한 경험을 했다. 전시장을 들어서는데 강한 빗줄기 소리가 들린다. 안내 설명으로 손을 먼저 내밀고 천천히 걸어가면 내리는 빗줄기는 손을 뻗는 주위로는 비가 떨어지지 않는다. 센스 있게 신기함을 말해준다. 처음 접하는 특별기획전에서 앞서가는 작가의 작품이 재미있다. 남다른 창작이, 보는 이들로 하여금 박수를 치게 한다.

144

레인룸의 창작물을 혼자 감상하지 않고 남편과 볼 수 있음이 좋다. 함께 보고 이야기를 나누는 시간에 의미를 주고 싶다. 혼자의 외로움이 아니라 좋은 것, 맛있는 음식을 나누고 싶은 간절한 마음이기 때문이다.

하나보다 둘이 거두는 수확량은 더 많아진다. 서로 이야기를 만들어 가는 삶의 충전된 에너지는 재산이 된다. 혼자 다니다 좋은 것을 보게 되면 아쉬움은 가족 사랑으로 이어진다.

남편과 같이 만든 외출증이 빛을 발할 때 추억의 선물이 쌓여 간다. 삶의 윤활유로 만들어진다. 가고 싶은 아름다움 곳이 메모장에 기록되면서 늘어간다. 가고 싶은 곳을 노래 부르며 언제든 가게 되는 진리가 있다. 버킷리스트의 꿈을 적어두고 매일 보게 되면 꿈은 이루어진다. 버킷리스트에 책을 한 권 쓰고 싶다는 마음을 늘 가졌다가 책을 쓰게 되었다. 잘 쓰는 것보다 한 사람이라도 읽어준다면 마음을 나누고픈 메시지의 울림이다.

무엇보다 남편의 큰 변화는 외출에 임하는 자세다. 얼마 전처럼 어쩔 수 없이 끌려가는 모습이었다면, 지금은 스스로 나서는 느낌이고, 발걸음도 가벼운 모습이다. 누구든 하기 싫은 일을 하게 되면 억지가 되어 능력은 물론 옆의 사람까지 스트레스를 받게 한다. 어쨌든 이제는 남편의 변화로 근교의 아름다운 곳을 같이 다닐 수 있다.

가끔은 독서를 한다. 자기계발을 열심히 했다면 어떤 모습으로 변했을까. 같이 살아가는 부부의 모습이 서로 변화되지 않으며 원망과 포기의 악순환이다. 상대가 원할 때 뭔가 잘못된 부분을 인정하고 고치면서 맞춰 살아가는 것이다. 남편과의 외출은 자연의 아름다운 모습에서 나의 모습을 돌아보게 하는 시간이 된다. 지나가는 사람들의 웃음이 마음에 와 닿는다. 무엇이 서로를 웃게 할까. 우리는 이 사실을 알고 있다. 이유는 편한 마음이다. 자상하고 너그러운 남편을 가진 아내. 얼마나 행복하겠는가 생각해본다.

세상의 남편이여, 세상의 아내여. 남편과 아내는 무한한 삶을 공유할 수 있는 존재다. 우리들은 행복할 권리가 있다. 서로 이야기를 공유하고, 공감해 보자. 아름다운 일상을 위해.

사랑스러운 아들

아들, 딸을 가진 부모들은 결혼하지 않으려는 자식들에게 강조한다. 사람은 결혼을 해야 삶이 무엇인가 알게 된다고 귀에 딱지가 않을 정도로 세뇌를 시킨다. 특히 독신을 주장하는 자식들에게. 세상에 태어났다면서 남들 하는 것은 다 해보아야 한다고 결혼을 강조하기도 한다. 부모는 자식들이 정상적인 삶을 살기를 원한다. 잘난 자식이면 잘난 자식대로, 조금 부족하면 부족한 대로 나름대로 사랑스럽다. 그러나 사랑하는 마음의 전달이 잘못되면, 가족들이지만 마음의 상처를 받아 금이 가는 좋지 않은 상황이 생기게 된다. 사랑으로 풀어나가기를 바라지만 각기 다른 개성은 매듭이 잘 풀어지지 않을 때도 있다. 갈등을 해소하는 힘은 가족 서로의 노력이 필요하다. 세상에서 가장 부러운 것은 돈보다도 부모와 자식의 관계에 사랑이 풍거남이다. 엄마와 아들, 딸과의 관계에서 나누는 사랑인 셈이다.

그런데 그렇게 살지 못했다. 자녀를 위한 교육보다 일을 더 중요시

했다. 경제적 자립만이 살 길이라 여기며 일에 중요성을 두었다. 아들은 엄마와 아빠보다 할머니 할아버지의 사랑을 듬뿍 받았다. 왕복 8차선인 창원대로(의창구 소계동 소계광장 교차로에서 성산구 불모산동 창원터널을 잇는 14.92Km도로)는 차가 과속으로 달린다. 할아버지는 교통사고의 위험성을 미리 걱정하셔서 손자와 함께 등하교를 하신다. 옛날 분치고는 키가 아주 큰 할아버지 어깨에서 손자의 가방은 호강을 한다. 할아버지의 등하교 보살핌으로 손자들은 잘 자랐다.

손자에 대한 사랑은 유별나셨다. 추운 겨울 신발을 연탄아궁이에 연탄집게를 올려서 신발을 데워 신겼다. 처음 신을 신을 때 발이 조금이라도 덜 시리게 하기 위한 손자의 사랑이다. 추운 겨울에는 요구르트를 데워 먹였다. 유산균은 그렇게 먹는 것이 아니라고 알려드렸으나 소용이 없었다.

"어머님 너무 약하게 키우며 애들이 연약해 아무 일도 하지 못해요. 강하게 키워야 합니다." 하고 말씀드려도 "내 손자 내가 키웠는데 누가 뭐래."라는 강한 의지의 표현은 누구도 손자 사랑에 대해서 왈가불가 할 수가 없다. 세계적인 손자 사랑이다. 수긍할 수밖에 없다. 이런 작은 의견충돌은 손자의 사랑에서 빚어진 육아의 차이 속에서 그 아들은 잘 자라 주었다.

엄마는 아들을 세계를 누비는 진정한 장사꾼으로, 세계 곳곳을 여행하는 글로벌 인재를 만들고 싶어서 무역학과를 보냈다. 그 아들은 엄마의 의견을 잘 따라주었고 착한 아들로 커 주었다. 아들의 능력을 더 키우고 싶은 부모의 욕심이 화근이 되었다. 부모의 큰 기대는 기회가 왔으나 직장의 규모를 보고 놓치게 했다. 직장을 잡기 위해 노력하다가 식당개업까지 했지만 건강에도 이상이 생겨서, 손익분기점에 도달하지 못한 운영이 되었다.

결혼을 하면 누구나 가정경제가 사랑의 척도가 된다. 결혼생활은 현실이기 때문이다. 이쁜 딸과 아내를 두고 아들은 캐나다로 몸과 마음을 옮겨갔다. 돈 벌러 간다는 핑계로 환경이 다른 미지의 곳으로 떠났다. 4년 동안 허리통증으로 힘들었고 심장은 호흡곤란까지 왔지만 쉽게 무너지지 않았다. 몸과 마음이 지쳐 있을 때 한인 가톨릭 성당에서 신부님을 만났고 인생 진로의 조언을 듣고 자신을 다시 돌아보는 시간이 되었다.

이제 건강을 회복하고 직장도 잡았다. 직장이 있는 캐나다로 가족을 데리고 가기 위해 왔다. 얼마나 딸이 보고 싶었을까. 보고 싶은 딸을 데리고 캐나다로 갔다. 외로움을 견디는 것이 자신과의 승리가 되었다.

"여기에서 같이 살자"는 제안을 거절하고 "이제는 혼자 꾸려나겠습니다. 염려치 마세요."라고 했다. 이 말은 독립선언이다. 감사해야 할 말이 반갑지 아니하고 서운한 이유는 무엇일까. 부모의 사랑 엄마의 사랑인가. 홀로 서기 선언이 낭연하다.

아들은 젊어서 고생을 하고 지나온 부모들의 길을 걷고 있다. 도움을 받지 아니하고 스스로 개척하는 삶을 살기로 선전포고를 한 것이다.

그 아들에게 보내는 사랑은 멀리서서 바라보는 일이다. 독립경제의 가정은 나를 바로 세우는 일이며 삶의 방향을 잡아주는 골격이 된다.

부모는 아들의 힘을 덜어주고 싶지만 그 아들의 길에 방해가 됨을 알기에 걱정만 한다. 왜 부모는 늘 안절부절 할까. 내 부모도 그랬었고, 앞으로도 그 상황은 변하지 않을 것이다. 아들은 무거운 짐을 진 것이 아니라 가벼운 마음으로 부모의 울타리에서 벗어나서 나만의 보금자리를 스스로 만들고 싶음이다. 그렇지만 엄마는 마음이 찡하다. 강인한 힘을 기르는 독립선언이지만 고생할 것이 눈에 보이지만 아들의 의견에 따라야 한다.

아들은 초등학교 때부터 시작한 사물놀이 국악기를 다루는 솜씨가 탁월하다. 어리석은 부모는 공부만이 인생을 행복하게 해주는 줄 알았다. 아는 것만큼 보이는 잘못된 생각이었음을 세월이 흐른 후 알게 되었다. 후회는 언제나 늦다. 늦은 후회의 대가로 아들이 짐을 지고 가게 되었다. 삶에서 부모와 자식 간의 숨어 있는 이야기들은 끝이 없다. 사랑이라는 큰 타이틀로 장래의 문제를 엄마는 만들고 있었다.

지금의 교육법은 많이 변화되었다. 1980년대에는 학교를 결석하면 큰일나는 줄 알았다. 성실한 사람으로 교육해야 한다는 생각이었다. 하지만 요즘은 다르다.

아는 선생님에겐 아들 하나가 있다. 10살 때부터 여행을 데리고 다닌다. 벌써 20여 개 국가를 다녀왔다. 학교 담임선생님과 상의 후 방과수업으로 또는 방학을 이용한다. 엄마들 속에서 여행하다 보니 이제는 가이드 수준이다. 여행을 다녀오며 공부도 놓치지 않는다. 사고의 폭이 넓어지니 교육의 방법도 판이하게 달라져 가고 있다.

교육의 다양성을 찾아 공부만이 아니라 개성도 키워준다. 책을 읽게 해서 스스로 다양성을 찾게 하고 선택한 것에 대해 책임을 지게 교육한다. 비교하고 원망하고 탓으로 돌리는 것이 아니라 딛고 일어섬이 진정한 자아독립선언이 된다. 이제는 부모는 부모의 위치에서 바라보는 일 이상의 무엇을 도와주지 못한다. 삶은 스스로에게 책임을 부여하며 스스로 찾아가고 있다.

앞으로 아들은 이렇게 살았으면 좋겠다.

먼저 아들의 마음이 편안하고 웃을 수 있으면 좋겠다. 일의 노예가 되지 아니하고 시간 할애를 잘 해서 짬짬이 여행을 하는 시간부자가 되면 좋겠다. 시간은 기다려 주지 않는다. 지금하지 않으며 아무것도 하는 것 없이 그냥 지나가는 것이 시간의 특징이기 때문이다.

자연과 시간을 보낼 수 있는 여유를 가지면 좋겠다. 산을 오르는 일도 추천한다.

차를 많이 마시면서 여유를 갖고 자신을 성찰하는 시간을 가졌으면 좋겠다. 수영이나 아침운동으로 건강을 챙기면 좋겠다.

꿈을 가지고 가꾸는 꿈쟁이도 좋을 듯하다. 꿈이 있으면 꿈을 이루기 위해 열과 성을 그 꿈에 쏟게 되어 있다. 나중에는 그 꿈을 이룸과 동시에 재능기부도 하게 되는 기회가 오게 된다. 좋아하는 취미를 하나쯤 가져 재미있게 사는 삶이면 한다.

늘 깨어 있는 정신과 감사의 마음으로 부지런히 살았으면 좋겠다. 건강히 살며 사람을 중히 여기는 삶의 긍정의 태도가 되어야 한다. 잘 노는 시간의 부자로 마음의 여유가 있는 삶으로 방향키를 조정해야 한다. 이끌려가려면 한없이 끌려가게 된다. 내 삶의 주인은 바로 자신이다.

독서도 권한다. 읽기는 어렵지만 시간 내어 인문고전을 읽었으면 한다. 멘트를 만나지 못하면 책 속에서 스스로 찾기를 바란다. 특별히 이야기하고 싶은 것은, 바쁜 가운데 여유를 부릴 줄 아는 일상이 되었으며 한다.

아들은 세상과 타협하되 늘 깨어있는 사고로 인생의 아름다움을 찾는 지혜를 지녔으면 좋겠다. 이쁜 가정과 함께 네가 원하는 행복을 추구하며 건강히 살 것을 소망한다. 누구나 삶의 가치를 사랑하는 일은 기본이다. 스스로가 추구하는 멋진 삶을 찾기를 바란다.

무엇보다 사랑스러운 아들이 60에 가서 돌아볼 때 잘 살았노라 하는 멋진 아들이기를 바라는 엄마의 마음은 어쩔 수 없는 부모인가 보다. 사랑을 전하는 방법에서 아들의 마음을 다치게 하지 않았는지 마음이 쓰인다. 부모와 자식을 천륜이라 했던가. 아들이 있어 든든하고, 아들이 있어 울타리가 되고 자랑스러운 마음은 변하지 않는다.

친구들과 아들과 딸 이야기를 한다. "생전 소자는 딸이야. 딸이 더

152

세심하게 배려하면 엄마 아버지를 잘 챙겨"라고들 말한다. 우리는 인생의 순리에서 어느 것이 좋은 것이 아니라 변화 속에서 적응해 가는 부모와 자식이 된다. 부모 마음은 하늘이 안다고 한다. 부모는 자녀 지킴이기를 원한다. 조건 없이 다 주고 싶은 마음이다. 세상이 바뀌어도 기본은 바뀌지 않는다. 부모들은 아들, 딸이 사랑이라는 대명사로 보인다. 나는 아들이 있어 행복하다.

chapter 5

여
행
의

힘

산을 타는 사람이 산을 타지 않으면 몸에서 신호를 보내는 느낌을 받는다. 그러면 다른 일상을 접어두고 산을 가기로 일정을 잡는다. 마찬가지로 여행을 좋아하는 꾼이 여행 시기가 되면 여행하고 싶다는 의식이 몸과 마음에 신호를 보낸다. 좋아하는 일은 마음이 거기에 있기 때문이다.

철학자 가브리엘 마르셀은 "인류를 호모 비아토르(Homo VIator), 여행하는 인간"으로 정의했다.

걸을 수 있는 사람의 신체는 마음이 가는 대로 이동할 수 있는 것이 선물이다.

일본 민간항공사 ANA홀딩스에서 아바타로봇을 이용해 경제적, 신체적 항공서비스를 이용할 수 없는 사람들에게 여행서비스를 활성화하기 위한 사업을 진행 중이다. 미래 여행사업의 한 부분이지만 정작 여행을 좋아하는 사람은 시간과 경제적인 지원만 된다면 위험이 따르더라도 직접 현장의 모습을 보면서 여행지의 다른 문화를 체험하고 싶어 한다.

우리가 구글이나 정보매체로 이용하는 미술관 투어에 관심을 가짐보다 직접 미술관에서 작품을 감상하기를 원한다. 이탈리아 루브르박물관에는 언제나 사람들이 밀려다닌다. 이는 사람의 욕구이며 매체로 통한 감상이 아니라 직접 확인하는 사람만이 가지는 특혜의 본성이다.

인터넷의 발전이 여행인구를 더 증가시켰다. 1995년 5억 2천만 명의 여행객의 수치는 2017년 39억여 명으로 여행인구는 더 증가하고 있다. 늦은 감이 있었지만 1989년 1월 19일 여행의 자유화는 획기적인 삶의 질을 높이는 계기가 된다.

여행의 힘은 무엇일까. 즉석 효과보다 살면서 우려먹는 곰국처럼 서서히 삶에 애착을 갖게 한다. 이보다 더 좋은 삶을 가꾸는 방법이 있을까? 여행은 한참의 시간이 지나고 나서야 여행이 무엇인지, 여행의 힘이 무엇인지 알게 된다.

어느 여행객이 말하기를 "여행을 하지 않으면 죽을 것 같아서"라고 하지만 난 여행 없이는 살아갈 가치가 없는 것 같아서이다.

누군가 물으면 여행이 일상이 되는 여자가 되고 싶다. 여행의 힘으로 사는 여자이고 싶다. 여행으로 나를 성장시키는 여자이고 싶다.

만병 통치제라면 모두 귀가 솔깃해진다. 나에게는 여행이 만병통치제다. 각자가 나름의 처방전을 가진다. 성향에 따라 명품 백, 비싼 옷, 귀금석 등 원하는 사람이 있지만 이쁘고 귀한 물건보다 나는 여행이 최고다. 여행 준비 기간이나 여행 후에는 남편을 대하는 태도가 친절과 서비스 모드로 전환된다. 집안일을 열심히 하고 매사에 정성을 다하게 된다.

여행을 하지 못할 때는 무기력해진다. 매일 반복되는 일상은 변화 없는 연속이다.

여행은 모든 일이 새롭다. 한 가지도 같은 것이 없다. 여행 중에 동반되는 작은 일들이 발생하지만 그것은 추억이 된다. 여행의 힘은 세끼 식사처럼 나에게 에너지원이 된다.

여행은 힐링이다

페루 나들이

신비한 곳을 가고 싶은 마음, 새로운 곳을 떠나고 싶은 여행에 관련된 궁금증은 늘 밥을 먹는 다반사처럼 나의 가슴 밑바닥에서부터 꿈틀거린다. 꿈꾸는 사람은 꿈꾸지 않은 사람들보다 이루어질 확률이 높다. 꿈은 이루기 전의 마음 준비이며, 행동을 취하기 전의 준비단계이다. 6개월 전부터 잉카의 후예, 태양의 나라를 떠날 준비를 했다.

먼저 여행사를 예약한 후, 항공권을 예약한다. 같이 갈 동행 여행꾼들이 조직된다. 특히 장거리여행은 분명 여행의 열정을 가진 여행 마니아여야 한다.

프랑스 소설가 M. 프루스트는 "진정한 여행은 새로운 풍경을 보는 것이 아니라 새로운 시야를 갖는 것이다."라고 했다. 한 살이라도 젊었을 때 여행하기를 원한다. 새로운 시야는 누구에게나 멘토가 된다. 여행을 통해 스스로 스승을 찾는 것이 된다.

여행을 통해 꿈을 가지게 되고 비전을 보게 된다. 마음의 동요를 받아들이며 쉼 없이 흘러가는 시간의 소중함을 알게 된다. 여행을 통해 인생에서 귀중하고 소중한 것을 찾기도 하고 직업을 선택하는 데 도움을 얻기도 한다.

여행을 권하는 이유는 여행에서 삶의 방향이 무엇이며 또는 방향 전환의 새로운 사실을 체험하기 때문이다. 여행은 누군가 시켜서 하는 것이 아니라 스스로 좋아하는 마음으로 즐기기 때문이다. 좋아하는 일을 하다 보면 목표가 생기고 꿈이 구체적으로 만들어지는 경험을 하게 된다.

낯선 곳에서 일어나는 일들에 대한 불안은 있지만, 새로운 환경에의 적응과, 새로운 풍경의 경이함이 더 많은 비중을 차지하게 된다. 여행을 떠나는 준비에도 바쁘다. 벌써 마음은 여행지에 가 있듯이 설레임을 안은 기다림이 있다. 이 또한 여행의 과정이다. 여행 리스트를 체크해서 다녀온 여행지는 표시해 둔다. 하나 둘 다녀온 곳이 늘어나면서 세계가 시야로 들어온다. 그러한 결과들에 고생은 있었지만, 이보다 더 좋은 과정들이 상쇄된다.

페루 나들이는 34시간의 긴 여정이다. 인천- 뉴욕공항- 리마- 쿠스코로 입성한다. 승전군의 마음이다. 찾아가는 우리들은 새로운 도시와의 만남에 기대가 크다. 긴장과 설레임으로 여행지에 도착한다. 언어는 물론 다른 문화와의 접촉이 서툴지만 쿠스코에 도착된 사실에 흥분한다.

한바탕 비가 지나갔다. 빗물이 고인 곳이 많다. 미세먼지라곤 없는 맑은 공기가 이 도시의 첫 인상이다. 쿠스코 3,300고지의 페루 옛 수도 는 붉은 적벽돌의 주택이 사방팔방 펼쳐져 있다. 산중턱 마을은 한 장 의 그림이다. 그네들의 삶의 현장이 여행객에게는 그림으로 보인다. 공 항에 내리자마자 먼저 눈에 띄는 나뭇잎이 있다. 코카 잎이다. 세계 수 출의 2위의 코카인 수출국이다. 고산지방의 주민들에게는 필수 식품이 다. 코카는 주민의 피로회복제이며 에너지원이다. 첫 입성 선물로 먼저 깨물어 본다. 쿠스코의 원주민은 입에 깨물고 다닌다는 애호품이다.

호텔까지의 이동은 우버를 이용한다. 앱의 이용은 나이를 막론하 고 알아두어야 할 필수항목이 되었다. 4차 산업시대의 여행은 인터넷 의 이용의 편리함이 되었다. 앞으로 변화되는 세상의 적응이 무엇보 다 중요하다. 패키지와 다른 여행을 꿈꾸는 일은 여행자의 실무 능력 도 갖추어야 한다.

페루 자국민들은 자외선에 그을린 피부가 생활의 모습을 말해준다. 친절함이 보이는 주민들의 순박성은 아직도 페루가 살아있음을 보여 준다. 문화유산이 많고 부자나라라 하더라도 여행지의 사람들이 친절 하지 않으며 마음이 가지 않는다.

아구아스 칼리엔테스는 마추픽추를 가기 위한 정거장 도시이다.

쇼핑센터, 호텔, 식당 등 마추픽추의 여행객을 맞이하는 중소도시로 사람들이 붐빈다. 여기서 1박을 하고 다음날 아침 출발할 예정이다. 묵은 호텔에서 출출해 컵라면을 끓이려고 하니 호텔 여직원이 뜨거운 물을 준비해 준다. 아가씨는 내년에 한국에 가고 싶어 한국어를 배우고 있다면서 우리에게 있는 성의를 다한다. 연락처를 주고받으며 오면 꼭 연락하기를 다짐해둔다. 한류를 타고 이미 우리나라는 머나먼 남미의 나라 페루에서도 한 여자아이에게는 선망의 나라가 되어 있다.

드디어 마추픽추(하이람 빙엄 1911년7월 24일 발견) 잉카의 도시 공중의 도시에 긴 여정의 도착점에 내린다. 여권에 잉카의 도시 마추픽추의 기념 스탬프를 여권에 꽝꽝 찍는다. 나중에 여권 훼손으로 재발급 받는 수고로움이 있었다. 여기까지 잉카의 공중도시를 보기 위해 많은 시간과 에너지를 투자하며 온 여정이 귀하기도 하다. 크게 마음먹지 않으며 엄두를 내지 못할 장거리의 여행이기 때문이다. 각 나라의 마추픽추꾼들이 입구에서 여권을 내밀며 허가를 받아 들어선다. 동양에서 온 꾼들보다 유럽 젊은이들이 장사진을 이룬다. 우리나라의 젊은이들이 많이 찾으면 좋겠다. 젊은이는 미래 대한민국의 주체이기 때문이다.

사진으로만 보던 마추픽추와 직접 눈으로 보는 규모는 느낌부터 다르다. 2,400고지에 어떻게 이런 제국의 도시를 만들 수 있었을까. 신비롭다. 믿기지 않은 실체가 눈앞에 있다. 버킷리스트에 담아둔 꿈이 이루어진 것이다. 평생 한 번 메카의 검은 돌을 만나고 싶은 간절한 마음처럼, 잉카문명의 공중도시를 얼마나 보고 싶어 했던가. 꿈을 꾸는 자에게 복이 된다. 7대 불가사의로 이름 매겨진 이유는 충분하다. 선게이트에서 바라보는 마추픽추. 태양의 신전으로 내비치는 빛의 광채는 잉카제국의 사람들은 어떻게 그 신비한 점을 찾았을까. 수수께끼 같은 제국의 이야기이다. 가슴에 담아오는 일이 부족해 사진으로 기록과 흔적을 남긴다.

알파카가 여유롭게 풀을 뜯고 있다. 주민의 삶을 해결하는 동물. 고기를 제공하고, 의복으로 주민의 생활을 윤택하게 한다. 지금은 수출로 경제의 일익을 담당한다. 환경이 오염되는 산업화보다 국력의 신장으로 동물사육으로 인한 페루민의 경제성장은 어떤 영향을 미칠까. 우리나라 국토와 13배 차이는 경제적 부를 더 높일 수 있는 자원으로 국토의 차이만큼 성장 가능성을 가진 나라이다.

저녁 무렵, 비가 내리고 있다. 내일 와이나피추를 가야 하기에 걱정이 앞선다. 마추픽추와 와이나피추로 지역이 나누어진다. 늙은 봉우리, 젊은 봉우리이다. 일행은 비가 오는 이유로 위험하다면서 꽁무니를 내리지만 가지 않을 수 없다.

와이나피추(2,770m)는 젊음이라는 뜻과 같이 상당히 오르기 힘들고 빗길로 위험하다. 조심조심 한 발씩 옮겨 정상에 올라서서 내려다보는 모습은 장관이다. 와이나피추에서 마추픽추를 보게 되면 콘도르가 날고 있는 모습처럼 보인다니 두 봉우리의 모습이 얼마나 우람하겠는가. 오를 때 손과 발로 기어오를 정도의 경사각이 심해 혼자 내려갈 때 어떡하지 염려하면서 올라온 것과 달리 내려가는 길은 위험도 없으며 훨씬 편하다. 마추픽추, 와이나피추. 두 봉우리를 다녀옴이 정말 잘 한 일이다. 조금만 게으름을 피웠다면 마추픽추만 보고 올 뻔했다. 가끔은 부지런 떠는 일이 잘한 일이 될 때도 있구나 하고 나 스스로에게 칭찬을 아끼지 않는다.

우람밤바의 강물은 아직도 세차게 흐르고 있을 것이다. 와이나피추에서는 마추픽추의 장엄함보다 왜 아직 페루 국민들이 가난하게 살아야 하는가 묻고 싶었다. 이곳을 찾는 관광수입만으로도 의식주는 해결되지 않을까 하는 의문이다. 페루 마추픽추 철도가 칠레의 소유라니, 원초적인 문제를 해결하지 않고는 국민의 경제수준을 끌어올리는 난제를 안고 있는 정부인 듯하다.

남미대륙에서 3번째로 큰 나라 페루는 시에라(산맥-안데스고원지대) 셀바(밀림-페루 국토60%) 코스타(해변-태평양 2300Km)으로 이루어져 있으며, 굵직한 관광지역으로 문화 유적지들이 산재해 있다. 스페인의 정복으로 정복자와 원주민 여인 사이의 2세 메소티소의 나라이기도 하다. 종교는 가톨릭이고, 감자의 원산지이고 옥수수의 산지이기도 하다. 코카차(茶)를 일상에서 빼놓을 수 없는 나라다. 강한 마약에 속한 코카인은 코카나무에서 진액을 뽑아 다시 화학적으로 농축을 시켜 중독성 약재로 만든 것이라 하니 코카나무는 잘 활용하면 좋은 약재료로 유익성을 개발할 가능성을 가진 페루의 선물이다.

페루를 대표하는 술 피스코. 달걀흰자에 사이다 레몬즙을 첨가해 거품 칵테일을 만든 피스코 사워가 여행객의 입맛을 자극한다. 정감이 있는 나라, 마음이 가는 나라다. 페루에는 잉카콜라가 있으며, 4000m 고원에서 서식하는 무냐가 있다. 또한 아니스향 차가 있으며 커피가 있고, 치차(옥수수를 발효시킨 우리나라 막걸리와 비슷)가 있으며 쿠스케냐가 있으며 세비체와 안티쿠초의 꼬치요리가 있다.

엘 콘도르 파사의 음악이 주는 페루의 국민성. 더 멀리 항해하며 인간의 땅에 머물기를 좋아하는 그네들이 있기에 페루는 영원히 존재하는 이유가 된다. 우리나라의 36년 식민지 생활에서 독립은 큰 선물이다. 300여 년 동안 에스파냐(스페인)의 지배를 포기하지 아니하고 긴 시간의 종속에서의 독립은 어떤 의미일까. 긴 세월동안 해방을 포기하지 아니하고 완전독립을 쟁취할 때까지 같이한 국민의 합일점은 페루인의 근성에서 나온 환희였을 것이다. 철새는 날아가지 않고 페루인들 머리 위에서 맴돌며 항상 보호막으로 지켜주는 큰 새임을 알고 있다. 다녀왔지만 또 가고 싶은 남미의 보고, 페루를 다시 가고 싶다. 가기를 권한다. 늘 자랑한다 마추피추 다녀왔다고. 힘든 코스이기에 더 자랑한다. 꿈은 늘 꾸는 자의 현실이 된다. 마추픽추에 가기로 늘 꿈을 꾸었듯이.

여행을 자랑하는 이유는 상대방도 여행을 다녀오기를 권하는 마음에서다. 다녀온 자의 이야기를 듣고 있으면 가고 싶은 마음이 꿈틀거린다. 다녀온 자의 여행담을 즐겨듣는 이유는 '언젠가는 나도 가리라'는 마음의 결심을 갖게 하기 위함이다. 이게 바로 여행지에 대한 공감 형성이 아닐까.

대만 (Taiwan)을 다녀와서

대만은 타이완 해협을 사이에 두고 중국 푸젠성과 마주하고 있는 나라로 중국 본토에서 약 150Km 떨어져 있다. 국토의 생긴 모습이 고구마형이다. 우리나라 국토의 3분의 1, 인구 약 2,500만. 아열대기 후로 연평균 북부지역은 22도씨, 남부지역은 24도씨로 겨울에도 그다지 춥지 않는 나라이다. 통화는 뉴타이완 달러로 표기된다. 여행하기 좋은 계절은 10월에서 4월로 초가을에서 초봄이 된다.

격동기 시대의 중국에는 삼민주의를 주창하는 손문. 그의 혁명 파트너인 장개석. 공산당의 당수 모택동의 3인의 시대적 역사인물이다. 지금의 대만이 있기까지의 역사는 송씨 왕가의 송애령, 송경영, 송미령 세 자매는 중국 여성의 역할과 위치와 영향을 볼 수 있다.

중정기념관에 전시되어 있는 사진으로 보는 장개석 총통의 반려자 송미령의 파워는 "남자는 세상을 지배하고 여자는 그 남자를 지배한다."고 전해지는 말에 동감한다.

세계 4대 박물관(영국대영박물관, 파리루브르박물관, 뉴욕메트로폴리탄, 대만 고궁박물관)의 하나인 고궁박물관에는 69만 점의 유물이 보관되어 있다니 가히 입이 다물어지지 않는다.

철, 목, 도자기, 청동, 금의 세공품 등 3개월에서 한 번씩 교체되는 전시를 기획한다. 유명한 비취배추. 도자기의 화려함과 기묘함, 섬세함이 자랑할 만한 문화역사의 유물 강국이다. 유물과 바꾸자는 어떠한 협상에도 전혀 개의치 않은 배짱. 옛 유물의 귀중함을 높이 사는 문화성. 역사적 유물은 국가의 정체성 인정, 국력으로 파급되는 힘이다. 소장되어 있는 유물은 국가의 자존심이며 국제사회에서도 큰 소리 칠 수 있는 세계의 자산이다. 박물관으로서는 그리 큰 외형은 아니지만 소장되어 있는 유물의 파워이다. 자금성에는 유물이 없지만 고궁박물관에는 유물이 있다고 우리들은 대화를 주고받았다.

어둠이 내릴 때 우리는 타이페이 유명한 사찰 룽산사에 이르렀다. 시민들이 멀리 가지 않고 도심에 잠시 들러 정성을 모을 수 있는 사원이다. 향을 피우며 정성껏 기도하는 내국인과 관광객으로 붐빈다. 불교와 도교, 토속신앙이 공존하는 이색적인 종교처이다. 대만의 종교문화를 볼 수 있다. 같이 향을 피워본다. 이 나라에 와서는 이 나라 사람들이 정성들이고 기도하는 곳에 정성을 모아 잠시 머문다.

여행은 일상생활이 아니라 새로운 곳과의 만남이다. 나른 문화를 이해하며 수긍하는 마음의 자세를 키운다. 우리의 종교개념으로 이해하기 힘들지만 룽산사는 세 종교의 조합처가 되었다. 새로운 곳에서 낯선 사람들과 교류하고, 우리들이 늘 보고 있는 또 다른 자연의 모습에 감동을 하게 된다. 각 민족의 먹거리에서도 음식문화의 차이를 볼 수 있다. 휴식의 재충전이 되며 사색의 시간을 가질 수 있다. 이러한 여러 매력들은 여행의 장점이 된다. 틀린 것이 아니라 다를 뿐이다. 여행을 통해 직접 체험하게 된다.

여행은 낮과 밤으로 이어진다. 밤은 여유로운 수다시간이 될 수도 있다. 뜻있는 이벤트 시간이면 더 귀한 시간이 된다. 여행 일원 중에 생일을 맞은 자가 있다면 간단한 파티는 축하 장소가 된다. 축하 자리에는 와인이나 다른 종류의 술을 곁들인다. 알코올은 분위기를 낸다. 취흥은 바이러스 되어 행복 나눔 시간이 된다.

여행 떠나기 전 친구 생일인 것을 알고 미역을 준비해 갔다. 아침에 미역국을 끓여 주었다. 친구의 감동 받은 표정과 분위기는 초등학교 시절로 돌아간다. 가지고 있는 간식거리로 케이크를 만든다. 친구는 또 감동한다. 여행기간에 생일인 사람은 누구든 복 있는 자로서 행복감을 느낀다. 여행지에서 일어나는 일들을 추억으로 담아온다.

타이페이에서 한 시간 가량 이동하여 지우펀에 도착한다. 바다를 바라보는 해발 400고지에 있는 관광도시이다. 이곳은 탄광산업이 활발할 때 전성기를 누린 도시이다. 탄광산업은 시대적 흐름으로 쇠퇴하기 시작한다. 동네사람들은 각자 자기의 집 앞을 단장하기 시작한다. 홍등을 달고 꽃으로 단장하니 아기자기한 이쁜 마을이 되면서 관광마을로 바뀌었다. 조망 좋은 찻집에 앉아 아리산 차를 한 잔 마신다.

분위기에 따라, 문향배에 마시는 차는 여행의 맛과 일품이다.

야류해양공원으로 이동했다. 지질공원 바위는 여러 형상의 바위 모양으로 자연의 신비함과 신기함으로 자연전시관에서 눈을 뗄 수가 없다. 특히 여왕바위의 기묘함에 기념사진을 찍기 위해 줄을 선다. 한 나라의 경제활동에서 관광수입은 절대적이다. 자연경관에 행정의 노력으로 우리의 것을 보여줄 수 있는 관광마케팅이 이루어졌으면 한다.

저녁만찬 시간에는 세계 10대 레스토랑으로 인정하는 딘타이펑이다. 대만식 소룡포, 딤섬 등 여러 각색의 만두가 만들어지는 곳이다. 만두를 빚는 요리실 공개도 한몫한다. 만두를 빚는 솜씨들이 세계급 장인들이다. 전문가들의 손놀림도 볼거리이다. 긴 시간의 숙련으로 이 분야의 전문인이 되어 먹거리 예술품을 만들어 낸다.

일정을 마친 저녁시간 2부 행사에는 모에상동 스파클링 샴페인이 준비되어 있다. 동행인이 준비한 와인은 감동이다. 열심히 일한 대가의 보상이라 한다. 우리는 스스로에게 늘 인색하게 살아왔다. 늘 잘 살아야만 한다고 얘기했지만. 여행 중 이벤트를 통해 스스로에게도 이런 보상으로 몸과 마음을 위로하는 시간을 갖는다.

다음날 숙소 근처 주변길 아침산책을 한다. 출근 이동수단은 오토바이의 행진이다. 저렴한 이동수단에 비용절감과 환경오염 영향도 덜 미치니 교통 혼잡과 사고의 위험은 있지만 나름 이 나라의 이동수단이 나쁘지만 않다. 경제가 발달하면 어쩔 수 없이 변화가 올 것이다. 생활의 편리만큼 환경은 오염되어 간다. 다 좋을 수는 없지만 사람들은 후손의 환경까지도 염려해야 한다.

천등 날리기 마을이다. 시골 기찻길에서 행해지는 관광코스는 아무 볼품없는 마을이지만 이 행사를 하면 모여드는 사람들로 북적인다. 꼭 자연으로만 하는 여행이 아니라 사람들의 아이디어로 이어지는 여행코스는 자국민과 행정과 관광산업의 열의이다. 왜 이렇게 관광수입 올리는 나라들을 보니 배가 아프다. 우리도 할 수 있지 아니한가.

우리나라 복지는 현금복지가 아니라 무언가 보여주고 만들어 내는 것에 보상을 하는 다른 민족과 다른 복지로 이어지면 좋겠다. 이유가 있겠지만 고기를 사주는 것이 아니라 고기를 낚는 방법을 알려주는, 배움을 주는 복지로 관광객을 만들어 내고 숨어 있는 능력을 찾아내는 우리 민족의 특성을 살렸으면 한다.

그곳의 저렴한 가치를 가지고 와서 고가품으로 재수출하는 과정을 젊은이들에게 저렴한 비용으로 기회를 주면 한다. 지금의 안주는 더 이상의 미래가 없다. 여행을 다녀보면 가난한 민족들이 많다. 가난에는 문제가 분명 있다.

여행으로 보는 여러 지역의 모습들에서 내 나라의 경제가 보이고 아쉬운 점들이 눈에 들어오면, 흥분하기도 하고 절규하기도 한다. 애로사항이 전달하지 못하는 시스템. 개인의 의견이 무시되는 시스템. 절차가 너무 많은 시스템이 해결되면 나라의 관광산업은 날개를 달 것이다.

여행은 늘 새로운 곳에 대한 셀레임이다. 지구라는 책을 한 권 읽기를 꿈꾸며 늘 여행의 설렘 속으로 나를 이끌어간다. 여행은 시간과 경제적인 부담과 건강의 3박자로 이루어진다. 시간이 있는데 경제적 여유가 없다. 건강이 허락하지 않으니 장시간의 비행시간에 자신이 없다.

최인철 교수님의 "TV 보는 시간을 아껴라"라는 말씀에 동감한다. 시간의 주인은 바로 자신이다. 자기가 스스로 시간이 없다면 시간의 주인인 스스로가 만들어야 한다. 100세 시대의 자투리 시간이라는 글을 읽은 적이 있다. 마음이 중요한 것이다.

'그것 왜 몰랐지. 정신이 버쩍 든다.'

적은 비용으로 자연과 친구 되어 다니다보면 건강한 몸이 만들어져 있다. 세상의 일은 마음먹기에 달렸다. 게을러지고 나태해질 때 여행을 다녀오면 시간을 아끼는 마음이 생긴다.

여행을 다닐 때는 시간이 너무 빨리 가는 것을 느끼게 된다. 돌아와서 시간을 체크한다. 일정을 소화시키고 계획한 일들을 순서대로 마무리했다. 시간관리가 잘 되었지만 빠르게 지나가는 시간을 잠시라도 멈추게 할 수 없다.

아침시간에 찻집에 남자들 모습만 보인다. 담배를 피우고 차를 마시고 있다. 여자들은 보이지 않는다. 여자들은 일터로, 육아로 바쁘다. 이런 모습은 무엇이지. 그 나라의 풍속이나 삶의 방식에 아연해진다. 그러나 그것이 그들의 문화이며 삶이다. 잘못된 문화를 고치는 일은 국가의 미래가 바뀌지 않을까. 직접 보고 체험하는 여행은 삶의 방향 설정에 멘토가 된다. 더 많은 세상일을 보고 듣고 체험하는 것으로 또 다른 멘토가 된다.

여행은 일상과 다르게 공감하는 시공간이 된다. 세대별 여행은 각각 다른 목적이 있다. 여행은 소비성이 아니다. 당장은 소비성으로 보일지라도 넓은 시야를 갖게 되면서 여러 사람과 소통하고 공감하게 된다. 책에서 보지 못한 현실을 보고 공감하게 된다. 먼저 다녀온 사람의 여행지 이야기는 가고 싶은 마음을 유발시키면서 동시에 성장하는 모습으로 변하게 된다. 여행은 발로 직접 체험하는 종합선물세트이다. 선물세트에는 여러 사람이 좋아하는 취향이 들어 있다. 여행의 공간을 각자 취향대로 경험하고 나누면서 공감하게 된다.

베트남 하롱베이,
캄보디아 앙코르와트를 다녀와서

캄보디아 앙코르와트라는 과학적으로 입증되지 않은 불가사의 하고 신비의 곳을 얼마나 가고 싶어 했는가. 친구 몇 명과 4박 6일 일정으로 베트남 하롱베이와 캄보디아 앙코르와트로 여행에 나선다. 베트남과 우리나라와 2시간 시차이다. 10시 비행기는 12시 30분쯤 하노이에 도착한다. 베트남은 월남전이라는 전쟁의 소식을 많이도 접한 세대이다. 나에겐 월남전에 파병된 가족들이 있다. 형부도 월남전 참전용사이다. 베트남의 혁명가 호찌민은 베트남민주공화국의 독립을 선언하고 정부주석으로 취임한다.

베트남은 경제를 우선으로 하는 자본수의로 서서히 방향을 잡는다. 소유한 땅을 등기할 수 있는 권한을 인정해 준다. 부흥의 길이 보이는 베트남. 지도자의 역량이 그 나라의 발전과 국민의 안정을 구축하게 된다. 2천 킬로미터의 용 같은 모습으로 생긴 지리이다. 석탄과 커피, 석유 산유국이다. 우리나라가 부러워하는 자원을 많이 가지고 있는 나라이다.

농사를 지으면서 논 가장자리에 조상 묘를 모시는 문화를 가진 나라. 8천여 명의 인구에 오토바이 2천만 대가 움직이는 도로가 때로는 무질서하게 보이지만 그네들의 질서로 움직이는 나라. 사고현장에 돈을 날리면 지나가는 행인들이 노잣돈을 던져주는 문화. 54개의 부족으로 이루어진 1,000불의 GNP로 성장을 계속하는 베트남. 비포장도로. 가난이 생활의 불편함이 아니라 아픔으로 다가와서 잘 살기 위해 노력하는 나라. 국민과 위정자가 한마음 되어 개방정책으로 선진국과 교류하며 부자나라로 발돋음하고 있는 베트남이다.

까빠섬으로 이동한다. 이국의 진기한 풍경을 카메라에 담으며 한 시간 정도의 이동에 파도소리 들리는 숙소에 짐을 내린다. 씬짜오. 씬 캄언의 인사말로 지나가는 이곳 주민들과 인사한다. 다음날 새벽 설레이는 여행 기분에 아침산책을 나선다. 어두울 때 도착해서 파도소리만 들렸던 주위풍경은 열대식물과 아열대의 나무, 통통배로 고기잡이 나서는 작은 고깃배를 보고, 여행객은 그 분위기에 취해 여행의 멋에 젓는다. 까빠섬 출발로 호치민 야전병원을 둘러본다. 산속의 동굴병원은 사람의 힘으로 만들어짐에 감탄과 함께 의아해진다. 완벽한 동굴병원의 보전은 그 당시의 전시 상황을 말해준다. 병원 바닥에 있는 중국인의 낙서는 전쟁으로 인한 잃어버린 삶의 희망과 살아남기 위한 생존의 절규일 것이다.

　우리나라 H사 기종인 투어버스로 이동한다. 우리의 자존심이 살아난다. 부국의 자존심은 다른 것이 아니라 이처럼 낯선 나라에서 본 우리나라의 투어버스에서도 자부심을 가지게 된다. 하롱베이의 3천 마리의 용이 외적의 침입에 내려왔다는 전설을 가진 3천여 개가 바다에 떠 있는 섬. 석회암으로 이루어졌다는 지질학자의 설명이지만 자연의 신비와 오묘함에 그저 신비로울 뿐이다. 몽골군이 침략했을 때 2천여 명의 군사를 은신시켰다는 역사의 이야기와 전설이 있는 승솟동굴(숨은) 둘러본다.

　다음날 06:00기상. 옌트산 산행을 준비한다. 짧게 걷는 산행이라도 여행코스에 플러스되면 여행의 즐거움은 상승된다. 케이블카로 이동하면 걷는 짧은 코스이지만 정상에 서는 이 맛은 여행의 즐거움은 더하게 된다.

　산소의 맛이 다 같지 않다. 도심보다 자연과 가까운 곳의 산소는 누구나 좋아하는 공기이다. 느낌이 좋은 산길을 걸으며 작은 행복이 온몸을 휘감는다. 머무르지 않음이 오직 아쉬울 뿐이다.

　씨엠렘으로 가기 위해 하노이 공항으로 들어선다. 12월의 베트남은 건기의 겨울이지만 우리나라의 여름 날씨를 체감한다. 항상 여행을 하다보면 우리 문화의 우열성에 다른 나라 문화를 가볍게 여기기도 한다. 베트남 문화를 우리문화와 비교하지 않으면 이해하기는 짧은 시간이지만 틀린 문화가 아니라 다른 문화를 이해하려고 한다.

어두움이 깔리는 저녁시간 씨엠립 공항에 도착한다.

GNP4백 불. 일천사백만 정도의 인구. 전기 공급이 부족한 나라. 치안이 미비한 나라. 관광객을 맞이하기 위해 준비된 도심의 호텔의 가로등이 전부인 것처럼 보이는 캄보디아. 그렇지만 정감이 가는 나라다.

우리나라 경주와 같은 유적지 분위기가 나는 앙코르와트(앙코르:왕도. 와트:사원). 세계7대 불가사의를 보기 위해 이곳에 왔다. 앙코르와트는 씨엠렘 서북쪽에 위치한다.

당시 크메르족은 왕과 왕족이 죽으면 그가 믿던 신과 합일한다는 신앙을 가졌다. 12세기 전반에 수리아바르만2세가 힌두교의 비뷰수신과 일체화로 건립한 바라만교 사원이다.

"후세에 불교도가 바라만교의 신상을 파괴하고 불상을 모시게 됨에 따라 불교사원으로 보이기도 하지만 건물, 장식, 부조 등 모든 면에서 바라만교 사원의 양식을 따르고 있다."

신비함과 불가사의 앙코르와트는 1860년 프랑스 식물학자 앙리 무어에 의해 발견되었다. "1972년부터 외부인에게 폐쇄되어 낮이면 베트남군이, 밤에는 크메르루지의 게릴라가 번갈아 장악하면서 유적이 많이 손실되었다. 유네스코에서는 1983년 유적지의 복원을 위해 조사단 파견을 캄보디아 당국에 통보했다."

앙코르와트 사원을 바라보니, 불가사의란 단어는 여기에 해당되는구나 싶다. 다물어지지 않는 감탄과 정신집중으로 하나하나의 유적

앞에 서 있을 뿐이다. 앙코르톰의 위용과 바이욘 사원의 앙코르 미소. 말이 필요 없는 무언의 감동 드라마를 보는 침묵이다.

어머니를 기리기 위해 세운 따 프롬(Ta Prohm). 자야바르만7세는 어머니의 극락왕생을 빌기 위해 12세기에 건립한 불교사원으로 세월과 같이 사원의 생명에도 영향을 준다. 사원의 일부인 것처럼 자라나는 용수(溶樹)의 나무뿌리는 사원을 감싸고 있다. 이 또한 기묘한 신비감을 준다.

나무의 성장 억제제를 사용한다는 설명이 있지만 그대로의 보존도 지향할 부분인 듯하다. 거대한 규모의 사원을 짧은 시간에 둘러본다는 것은 아쉬움뿐이지만 와 보지 못함보다 낫지 아니한가. 억지 논리에 위로를 한다.

캄보디아 중앙에 있는 톤레샵의 호수에 이른다. 러시아 바이칼호수의 다음 가는 호수. 캄보디아의 토질의 향토는 호수의 물까지 향토색이다. 물 위에서 먹고 생활하는 수상마을. 다른 무엇과 비교하지 않은 삶이다. 닭, 개, 돼지들도 배 위 수상집에서 사육된다. 호수의 담수어는 이들의 단백질 공급원이 된다.

이네들은 삶을 어디에 더 큰 비중을 둘 것인가 저울질하며 묻지 않는다. 살아가는 곳의 상황에 따라 환경에 적응하며 불평하지 아니한다. 모든 것을 받아들이는 자세가 곧 삶이다. 나 역시 가난하게 살아보았고, 많이 불편함을 느꼈다. 가난한 나라를 보면 저 일을 어떻게 하지. 어떻게 하면 잘 살 수 있을까. 도와주고 싶지만 능력의 한계에 직면할 뿐이다. 좀 더 잘 사는 선진국에 선처를 바라는 마음뿐, 지구 전체가 잘 살았으면 하는 마음이다. 지구에 사는 모든 사람들이 다 평화롭게 잘 살았으면 한다.

경제적인 부와 문화의 만남은 더 좋은 앙상블이 되지만 캄보디아의 열악한 면은 마음 아프다. 앙코르와트의 유적을 보면서 다음세대의 젊은이들은 이 나라를 잘 세워나가지 않을까 기대해 본다. 나라가 잘 살면 외국으로 나가도 대우를 받는다. 돈을 벌기 위해 다른 나라로 가서, 그곳에서 근로계약을 맺고 저임금으로 일을 한다.

네팔에서 온 피카소라는 젊은이와 같이 일을 한다. 한국어 자격시험에 합격으로 억양, 사투리 구사도 수준급이다. 인터넷 서핑 전문, 업장의 자질구레한 수리전문가. 자국으로 보내기 정말 아까운 인력이다. 열심히 돈을 모아 자국에 히말라야 한국 등반객을 위한 숙박업소를 짓고 싶어 한다. 부모님께 차근차근 송금한다. 어느 나라이든 경제는 젊은이들 몫이 크다. 기성세대들도 같이 도우면서 서로의 삶의 질을 높인다.

앙코르와트가 있는 나라. 유적지는 사람들을 불러모은다. 들어서는 순간 옛 왕국의 이 화려함이 이렇게까지 성대했으리. 왕국의 화려함과 같이 선한 백성들에게도 영향을 미치며 나라의 멸망은 없었으리. 욕심은 화를 부르고 종족의 멸종까지 이어지는 어리석은 지도자들의 지도력은 제로였을까. 앙코르와트의 웅장함과 화려한 조각에 마음 두고 돌아온다. 귀중한 세계유산은 지구의 사람들이 같이 보고 같은 마음을 가져가는 보배가 된다.

곳곳의 귀중한 보배들을 보면서 우리의 것을 잘 가꾸는 애국의 마음도 가져본다. 여행이라는 한 권의 책을 읽으며 다음은 어디로 갈까 기대를 한다. 여행은 살아있는 몸의 건강과 마음의 건강을 위한 새로운 개척의 길이다. 여행을 하면서 배우고 볼 수 있는 모습들이 모여 살아가는 방향을 찾는 것도 여행의 장점이자 자기 계발에 도움이 되는 계기가 된다. 여행은 일상에서 벗어나 새로운 문화와의 만남으로 나를 다시 돌아보는 계기도 된다.

중동 사막도시 두바이를 다녀와서

여행이란 얼마나 이상한 일인가. 집의 편안함을 마다하고 고생을 사서 하는데 말이다. 집을 나서면 고생이라는 말에는 수긍한다. 그러나 여행이 없었다면, 우리 인생은 무슨 멋으로 살아갈까 생각하면 한편으로는 여행의 광팬이 되어 열변을 토하기도 한다. 여행을 떠나지 못하는 이유들이 즐비하다. 일을 하는 사람은 더더욱 시간을 내지 못한다. 또 경제적으로 부담이 된다. 가족들을 세끼 식사 걱정과 살림살이를 대신해 줄 사람이 없으면 며칠 떠남에 고민하게 된다. 억지를 부려서라도 여행을 떠나고 싶지만. 특히 주부는 집안의 경조사가 문제가 된다. 그래서 여행에 중요성을 덜 부여하게 되면 집을 떠난다는 여행은 쉽지 않은 일이다. 그러나 일단 여행 일정을 잡는 것이 무엇보다 중요하다. 떠나고자 하는 간절한 마음도 한몫하게 된다. 여행마니아는 무엇보다, 떠나보자는 편리한 사고성이 절실하다.

아랍에미리트(UAE) 1971년 아라비아반도의 7개국의 토후국이 연합해 영국으로부터 독립하게 된다. 모래밭에서 이런 도시를 만들 수 있었는지. 사막의 메카폴리스는 세계적인 골프, 테니스, 승마경기, 사막 랠리를 개최하는 거대도시. 차창가로 보이는 도시는 계속 팽창하고 있는 모습이다. 더 많은 사람들을 불러 모으고 있다. 한 번은 꼭 가봐야지 했던 버킷리스트 하나가 이루어진다.

정말 사막에서 꽃이 자랄 수 있을까. 도심의 수리시설 이용으로 물을 계속 보급하고 있다. 사람의 힘과 돈의 힘으로 만든 거대 신도시는 편리시설로 도시와 국가를 만들며 한 번쯤은 다녀오고 싶은 도시로 건설되었다. 최고의 고층건물, 최고의 호텔, 세계 최고의 인공섬, 최고 실내 테마파크 등으로 이어지는 건물들의 규모는 석유보유국의 힘인가 보다. 구시가지의 박물관에서 보는 두바이 옛 시절의 살림살이는 우리나라보다 더 가난한 모습이다. 1958년 석유 생산국이 되면서 급격히 변하는 모습은 사막 위에 세워진 건축물이다.

어떻게 건물이 지어질까. 우리나라 건축물과는 달리 지하주차장이 없다. 사막 아래로 계속 내려오면 암반이 있고 그 암반에 기반을 만들어 세워 올리는 방법이다. 주차장은 건물 외 다른 장소에서 이용된다.

누구나 환경을 탓할 것이 아니라 받아들이는 마음이다. 수고의 결과물은 고통이 아니라 즐거움이 되어 자자손손 이어지는 큰 재산이 된 것이다. 어떤 리너인가에 따라 사국의 번영과 국빈의 삶의 질은 달라진다. 셰이크 자마이드의 선구자 정신으로 달리는 리더의 힘은 대단하다.

960만 명의 인구에 15%의 자국민과 나머지 외국인으로 나라가 움직인다. 국가별 임금이 다르다. 세금이 없다고 자랑하지만 먹는 음식값이 비싼 나라이다. 뭐든 큰 것으로 자랑하는 나라, 세계 최초, 최고, 최대로 머리를 뒤로 젖히고 건축물 최고층을 바라보아야 한다.

주메이라 비치 해안선을 따라 맞은편에는 아랍의 타워, 버즈 알 아랍, 주메이라가 우뚝 서 있다. 우리의 일정은 도시 건축물을 감상하는 시간이다. 사막의 도시지만 자원의 위력은 대단하다. 거대한 건축물은 세계인구들의 주목을 끌고 있다.

시위, 거지가 없다 하지만 근로자의 임금은 저조하다. 왕족과 지배층의 논리는 그 반대이다.

부의 상징인 나무와 담수. 찬물이 나오는 집이 잘 사는 집이다. 나라마다 다른 환경은 부의 상징도 다르다. 두바이 몰 벤치에 앉아 지나가는 관광객, 행인들을 구경한다. 사람 구경이 자연 구경보다 재미있을 때도 있다. 저 사람은 어디서 왔을까, 저 의상은? 저 아기는 인형 같아! 등. 아바야와 칸두라를 입은 아랍인 구경도 재미있다.

두바이 신도시에 위치한 버즈 칼리퍼(829.8m) 124층 전망대를 오르기 위해 엘리베이터를 탄다. 1분 만에 전망대 도착. 우리가 보통 1분을 시간으로 계산하기 너무 미세하지만 124층을 올라가는 것에서 1분의 힘을, 그리고 사람의 힘을 느낀다. 이것을 가능하게 한 건 돈의 저력이다. 여기도 사람 천국이다. 밀려다닌다. 내려다보는 두바이의 모습과 일몰을 구경하기 위한 제일 좋은 시간을 택한 사람들의 관심도이다.

유명한 두바이 분수 쇼의 규모가 압도적이다. 클래식 음악과 팝송으로 6천여 개의 조명과 형형색색의 컬러가 밤의 환상을 연출한다. 오후 6시부터 밤 11시까지 분수 쇼가 펼쳐진다. 사람 구경도 한 몫이다. 세계 각 나라의 요람이다. 눈만 내어놓은 여성 아랍인의 의상은 우리의 시선을 모은다. 비행기로 10여 시간 온 보상이다. 여행지에서는 하나라도 더 보고 싶은 충동을 제어할 수 없는 이유는 언제쯤 다시 올수 있을지 모르기 때문이다. 조금 더 보고 가고 싶은 게 목적이 된다. 천사 마크에 두 팔 벌려 사진도 찍어본다. 나처럼 나이 많은 천사도 있나. 조형물에 선 사람 천사의 모습에 웃음뿐이다.

고대도시의 역사물과 달리, 석유 보유국의 신흥도시는 고층건물이 즐비하다. 누가 더 높이 올라가느냐에 경쟁한다. 현재와 미래가 있으면 과거가 있다. 이곳 사정을 이야기하는 주메이라 모스크에서 과거를 보게 된다. 물고기를 잡고 생활하는 원시적인 삶의 모습이 우리나라 옛 어촌마을과 닮았다. 석유 산유국으로 일약 변화되면서 두바이는 부의 경제도시가 된다. 최고의 빠른 속도로 변화되는 세계의 돈이 모이는 곳이 되었다. 사막의 도시는 세계인이 찾는 경제의 요람이 되었다. 사막에서 일어난 경제의 기적은 똑똑한 지도자와 자원인 석유로 인해서다.

건설 중인 건축물이 즐비하다. 짓고 있는 건물들이 완성되면 두바이는 꽉 찬 도시로 변모할 것이다. 석유와 관광객으로 경제의 부는 어디까지 갈까.

한편으로 정부 재정의 과부하로 그리 여유롭지는 않은가 보다. 계속적인 번영보다 실속 있는 번영으로 지도자는 나라 살림을 맞춰가야 한다.

직물시장에서는 캐시미어 스카프를 구매한다. 선물꾸러미를 챙기는 마음이다. 수상택시를 타고 두바이에서 오래된 향신료 시장과 금시장 두바이 수크(Dubai Souks)를 가게 된다. 갖가지 향신료는 발길을 멈추게 한다. 금시장은 입을 다물지 못하게 한다. 금으로 만든 드레스를 입은 마네킹이 서 있다. 우리나라 금은방 보석점과 비교를 거부하는 것 같다. 금방에는 칸두라를 입은 남자 점원들은 영업하기 바쁘다. 우리는 구매보다 아이쇼핑이다.

그 나라에서 무엇을 살 것인가. 경제행위는 우리나라에서 해야 한다는 약간의 애국심이 발동한다. 보는 것으로 만족한다. 금빛은 다른 빛과는 달리 고급스러움을 마음껏 자랑한다. 세계에서 제일로 큰 가락지를 볼 뿐이다.

도시의 낮과 밤은 서로 다른 얼굴을 내밀면서 자랑한다. 어둠속의 빛은 하나의 꽃이 된다. 꽃은 사람의 마음을 평화롭게 하며 좋은 마음을 가지게 하며 나눔을 창출하게 된다. 나누는 일이 없으며 그저 살아가는 하나의 행위일 뿐이다. 낮 풍경이 가지지 못하는 조명의 불빛에 반해 밤풍경의 낭만을 즐기게 된다. 바다를 끼고 있는 도시의 풍경은 밤이 더 아름다움을 창조해 내는 인간의 힘을 경험하게 된다.

세계인의 살아가는 모습은 다르다. 의식주의 생활패턴은 비슷할지라도 문화와 종교는 오랜 역사의 흔적에서 다른 모습을 가지고 있다. 특히 이슬람의 문화에서는 상당 부분을 논리적으로 생활하기를 권장하고 있다. 라마단 단식기간이 5월 5일부터 6월 3일까지 한 달간이다. 술 담배는 물론 해가 떠서 질 때까지 먹고 마시지 않는다.

두바이 현지 법률은 하루에 다섯 번 기도, 자선단체 기부, 금식, 일생에 한번은 성지 메카로 순례 등 이슬람 규범을 지키는 일이다. 겸손하게 복장을 착용하며 동성 간 결혼을 인정하지 않는다. 공공장소에서 애정 표시를 하지 않으며, 라마단 기간에는 해 뜰 때부터 해질 무렵까지 식사를 하지 않는다. 술은 지정장소 외에 다른 장소에서 마시지 못한다. 금요일은 일부 관광명소는 폐쇄할 수도 있다니 종교의 규율은 국민들의 필수 준수사항이지만 주변 환경의 변화에 대응하기도 한다.

역사지구 알 파히디에 우버 택시를 이용해 다녀왔다. 우버의 편리성은 정말 대단하다. 낯선 곳에서 택시 바가지요금을 걱정하지 않아도 되고 특히 친절하다. 요금은 스마트폰에 앱을 설치해두니 결제수단까지 가능해서 택시요금은 카드에서 자동 지출된다. 두바이 옛 시절의 사정을 말해주듯, 신도시와의 비교되는 옛 도시의 모습은 조용하고 검소하게 살아온 선조들의 모습이 저절로 눈에 들어온다. 아랍 커피를 무료 테스팅을 해 보니 향이 첨가된 커피 맛이다. 아랍인의 친절로 사진도 한 컷 같이 찍는다. 여행에서는 늘 그 나라 사람들과 사진을 찍고 싶어 한다. 최고의 인증 샷이 된다. 사람들의 모습을 비교할 때 각기 다른 모습이다. 아랍인들의 머리 두건과 수염은 이슬람인의 이미지가 된다. 윈디타워를 구경하고 소품가게들 들러본다. 여행 잘 다녀왔다는 인사로 작은 선물을 내밀고 싶어서다. 선물은 지인들에게 사랑을 전하는 일이다. 물론 가끔은 인사말로 대신하기도 하지만.

사막지프투어는 아슬아슬하다. 바퀴에 바람을 빼니 사막의 계곡을 달리는 선수가 된다. 우리는 재미에 환호. 아슬아슬하게 사막의 높낮이에도 끄떡없이 언덕을 달리는 베스트 드라이버님들이 재주를 부린다. 사막의 모래는 건설현장에는 도움이 되지 않을까. 한 움큼 쥐어보니 손가락 사이로 다 빠져나간다. 이용할 가치를 연구를 통해 찾으면 아랍에미리트는 석유와 또 하나의 모래를 가지고 재수출하는 무역국으로 다시 거듭나지 않을까.

대한민국의 자연풍경과는 완전 다른 모습이다. 삶이 부여하는 부분이 다를지라도 끊임없이 노력하는 힘은 도시의 부흥으로 이어진다. 계속 이어지는 발전은 삶의 질을 높이는 데 사용되었으면 한다. 왕족이나 지배계층의 이익이 아니라, 근로자에게 돌아가는 분배의 원만함을 기대해 본다. 두바이는 계속 빠른 발걸음으로 도시의 풍경을 변화 시킬 것이다. 문화를 자랑하는 것이 아니라 현대의 건축물로 두바이 관심도를 높이며 새로 태어나는 건물들은 다시 최고를 자랑할 것이다.

여행지는 설레임을 경험하는 최고의 공간이다. 빡센 일정을 다 소화하지 못했지만, 여행 이야기를 할 수 있어 좋다. 먼저 다녀온 여행지를 친구에게 소개하고 여행을 권한다. 이야기를 들으면서 여행을 하고 싶다는 마음의 동요는 마음의 변화를 일으키게 된다. 그리고 친구도 여행을 떠나기 위해 구상하고 계획하고 실천하게 된다.

와인의 성지 부르고뉴,
프랑스 중세도시 고성의 감동

1> 와인의 성지 부르고뉴

프랑스 이야기는 지구촌의 대표 이야기가 된 듯 끝이 없지만, 10일 간 프랑스에서 세끼의 밥을 먹은 이야기를 하고 싶다. 책으로 보는 프랑스가 아니라 짧은 기간이지만 직접 걸어보고 자연의 풍광에 현혹되며, 머무르면서, 여행의 향취를 마음껏 누린 이야기를 하고 싶다.

프랑스는 유럽 대륙의 서부와 지중해와 대서양에 근접한 유럽에서 3번째로 큰 나라이다.

987년 프랑스 왕국이 멸망하며, 카페왕조 창시 최초 국가형성으로 절대왕정과 제정 공화정을 반복되다가 1871년 공화정부수립 이후 오늘에 이른다.

백년전쟁과 거듭되는 악순환 속에서도 사회의 발전은 톨레랑스 (Tolerance) 정신이다.

다양성의 문화는 다민족 사회로 발전하게 된다. 이민을 흡수한 국가로 이브몽탕이 이탈리아 출신이며, 사프코스 대통령이 폴란드, 고흐는 네덜란드, 피카소는 스페인 출신이다. 혈통이 아니라 문화를, 국가보다 개인과 개인의 행복에 더 중요한 가치를 둔다. 6천만 명의 개성이 모여 360여 종의 치즈를 먹으며, 360여 종의 향수를 사용하는 이 민족을 누가 다스릴 수 있냐고 묻는 드골의 푸념을 들은 듯, 그의 푸념이 타당하다는 생각이 든다.

파리처럼 도심이 아니다. 전원풍경의 대표 정원인 듯 6월의 레지옹 부르고뉴는 포도나무로 들녘을 채우고 있다. 맑은 공기와 바람, 오염되지 않는 청정지역의 포도나무는 1미터 30센티 정도의 키로, 한 나무에서 8-10송이 정도로 수확하는 욕심을 부리지 않는 포도 경작법으로 와인의 시장을 구축한다.

"와인 없는 식사는 해가 없는 하루와 같다"는 말처럼 와인은 생활의 선택이 아니라 필수가 되었다. 매년 20억 갤런의 와인생산은 세계의 4분의 1에 해당하며, 1인당 소비는 세계 최고 수준이다. 이처럼 와인은 아시아인들보다 유럽의 문화의 정수가 된다.

우리나라 계절과는 달리 겨울이라도 수은주가 뚝 떨어지지 않으니 침엽수보다 잎이 있는 활엽수들이 무성하다. 6월은 해질 무렵이 저녁

열시쯤이다. 어두워지는 시간은 11시쯤이다. 하절기에는 5시쯤이면 어두움이 내리니 계절의 변화로 낮 길이를 알 수 있는 곳이다.

일주일 근무시간이 35시간이라니 들녘의 일은 누가, 언제 하는지 걱정스러웠으나 기계화된 경작방식이라 한다. 바퀴가 높은 트레일러로 포도밭을 누리며 지평선이 있는 포도밭의 일꾼이 된다.

와인의 유래는 기원전 600년경 처음 프랑스에 전파한 페니키아인(지중해 동안을 일컫는 고대 지명)은 론강을 타고 내륙에 전해진 역사를 가지고 있다. 포도의 생산지로 유럽은 축복받은 곳이다. 우리가 찾은 6월은 조금은 한가한 시기이다. 9, 10월이 되면 포도생산에 온 정성을 모을 것이다. 레드, 로제, 화이트로 와인 마니아는 물론, 축제장에 꼭 필요한 보배로운 것을 만들어 낼 것이다.

한 곳의 와인너리에서 20여 가지의 와인을 테스팅하는 기회가 주어진다. 와인 양조장의 자랑이다. 생산 연도의 비교, 품종에 대한 맛의 비교, 섬세한 부분들이 하루아침에 이루어지지 않는 노하우를 선보여 준다. 테스팅으로 맛의 비교가 어렵지만, 단련되지 않은 입맛으로 편안하게 와인의 맛을 검색해 본다. 입 안에 머금고 맛을 본 후 뱉기도 하지만 테스팅하는 양을 다 마시기도 한다. 지금까지 마신 와인 양보다 더 많이 마시는 복을 누린다.

청정지역에서 자란 신의 선물은 우리들에게 좋은 음식으로 건강을 주며 서로의 정을 나누는 매체음식이 된다. 와인의 세계는 무궁무진의 변화를 주는 신의 선물임에 부정치 않는다.

"세계는 한 권의 책이다. 여행하지 않는 사람들은 그 책의 한 페이지만 읽는 것과 같다."

아우구스티누스의 유명한 말이다. 직접 부르고뉴의 본을 여행하므로 그 진가를 확인할 수 있다. 여행은 더 많은 것을 눈으로 본다. 삶에서 여행은 선택이 아니라 필수이다. 누군가에게 이런 이야기를 하게 되면 못마땅하겠지만, 적어도 내 생각은 그렇다. 여행이 나를 자라게 해 준다. 노송도 그 자리에 그냥 있지는 않는다. 뭔가를 하고 있다. 하루의 시간은 가만히 있어도 물 흐르듯 간다. 흐름 속에서 나를 만나는 일에는 여행이 최고가 된다.

집으로 돌아가더라도 부르고뉴의 포도밭은 기억될 것이다. 그곳을 보고 온 여행자의 보너스이다. 모두가 같지 않기에 여행에 대한 견해를 큰 소리로 말하지는 못한다. 그러나 여행한 자들은 말에 기운을 넣어 자랑하게 되는 것은 기본이다. 여행은 앞서가는 사람들에게 주어지는 선물이다.

좋아하는 음식에 관심이 생기면 매력을 알아가고 싶어 한다. 와인 생산지 부르고뉴를 여행하고는 와인에 슬쩍 관심을 갖는다. 이것 또한 여행의 결과가 되면 설레임이 되지 않은가.

새로운 사실을 알고 싶음이 곧 삶의 풍요가 됨은 아는 사람은 알고 있다.

⟨2⟩ 프랑스 중세도시 고성의 감동

투르는 샤토 라 루아르 지방의 중심부에 위치하며 루아르 고성 순례의 출발지가 된다.

루아르강과 셰르강 사이에 있으며, 파리-부르고뉴-낭트를 잇는 철도교통의 요지이며 성 가티엥성당이 유명하다. 투르역에 내린다. 집 떠난 자들은 느긋이 여유를 즐길 시간도 없이 역을 빠져나온다. 유럽인들은 우리의 모습으로는 판단이 어려운지 여행을 하다보면 먼저 일본이냐 아니면 중국이냐로 묻는다. 아니오 코리아라고 답하면 고개를 끄덕인다. 국위 선호도의 차이인가. 먼저 코리아냐고 질문하는 걸 듣고 싶다.

우리는 드디어 루아르에 입성한 것이다. 많은 고성은 역사와 특색을 가지고 프랑스 중세도시를 지키고 있다. 많은 지구촌 사람들은 찾아든다. 개인적으로도 꼭 한번은 보고 싶은 나의 선망의 여행지를 찾은 소원풀이가 된다.

6월 쉬농소성의 햇볕은 제법 따갑다. 인파는 밀려간다. 관광자원의 부러움이다. 약 70헥타르의 공원으로 이루어져 있는 물위에 세워진 성은 카트린 드 메니시스 정원으로 유명하다. 귀부인의 성이며 정원이 관람 포인트이며 6대 성주가 여성이다. 발루아 왕조의 10번째 왕이 된 앙리 2세가 1547년 애인이었던 다이안 드 푸아티에게 쉬농

192

소를 선물한다. 앙리2세 카트린 드 메니시스는 남편이 죽자 다이안을 쫓아내고 자신이 쉬농소성을 가지게 된다. 카트린 드가 죽자 며느리가 성 주인이 된다. 역사는 흥미만큼 당시의 상황을 이야기하고 있다.

쉬농소성의 와인너리에서 양조되는 레드, 로제, 크레망의 와인 테스팅도 한다. 와인과 고성의 밀접한 관계들이다. 옛 시절 호스피리스본(Hospoces de Beaune)은 병원 운영비를 생산하는 와인으로 충당한다. 이처럼 프랑스의 와인은 농업국가의 농작물로, 발빠른 재배방법과 양조기술로 지구촌의 와인시장을 장악하게 되었다.

다음날 우리는 유명한 앙부아즈성 투어에 나선다. 앙부아즈의 음모설이 유명한 성이다. 1560년 종교전쟁 동안 부르봉가의 위그노 교도들이 프랑수아 2세의 실질적인 권력자인 기즈가를 대항해 음모를 꾸몄다. 기즈가(왕비의 외삼촌) 백작에게 발각되어 수많은 교수형이 한 달간 지속되었다. 약 1,200여 명의 신교도들의 수난 기간이었다. 앙부아즈성은 역사적인 굴곡과 어두운 면이 많았지만 발루아 왕가와 부르봉 왕가의 왕족들이 즐겨 찾던 휴양지가 되었다.

앙부아즈에는 위베르성당이 있다. 이곳에는 세기에 우뚝 선 레오나르도 드 다빈치의 무덤이 있다. 들어서는 순간 작은 성당 안에서 풍기는 기운은 여기까지 꿈꾸면 온 수고의 보상이나. 발달한 사고의 능력으로 처음으로 개발하는 실용적인 발명품은 인류의 아버지가 된다. 르 클로뤼세에는 다빈치의 많은 스케치 작품과 실용 과학용품의 실기구들이 보관되어 있다. 책에서 보던 다빈치의 기록을 생생하게 만나게 되는 행운은 여행의 보람이 된다.

숙소를 돌아온 우리는 와인의 고장에 온 만큼 와인을 즐긴다. 마니아는 아니지만 여행의 분위기는 그때부터이다. 낯선 사람과의 교류시간이 된다. 저녁놀이 내리는 시간은 10시쯤이다. 선셋을 즐긴다. 붉은 태양은 서서히 내일을 준비하지만 우리는 자리를 떠나지 못한다.

하절기 일출은 6시쯤이다. 숙소 주위를 산책한다. 도심이 아닌 전원 풍경으로 싸인 숲속 길은 약간의 이슬과 맑은 공기는 여행지의 낭만을 즐기는 아침산책의 조건이 된다. 우리 동네 아침풍경과 루아르의 아침풍경은 사뭇 다르다. 다름이 여행의 멋이다.

오늘 일정의 성 투어는 어제 다녀온 성보다 규모가 더한 샹보르성이다. 규모는 제왕, 성주의 권력과 재력을 알 수 있다. 베르사이유 궁전과 비슷한 규모로 좌우대칭으로 440여 개의 방으로 만들어졌으며 르네상스 건축양식을 갖추고 있다.

프랑수아 1세는 레오나르도 다빈치(1452-1519)에게 건축 의뢰를 한다. 이탈리아인의 천재화가를 프랑수아 1세는 알고 있음이다. 예술가의 가치를, 프랑스를 이탈리아에 근접시키고 싶은 문화를 읽은 것이다. 샹보르성의 나선형 계단은 유명하다. 레오나르도는 사생아로 태어나지만 그의 재능으로 프랑수아는 클로뤼세라는 성을 하사하기도 한다. 개인적인 선물로는 최고의 영역이다.

클로뤼세성은 귀족의 성과는 비교되지만 개인의 예술가의 성으로는 그 규모가 대단하다.

그의 업적을 한 눈에 볼 수 있게 정리되어 있으며 정원에는 장미가 만발해 있다.

한 나라의 인재는 국가에서 키워야 함을 알 수 있다. 우리나라도 큰 인재를 기대해 본다. 한 사람의 능력은 대단하다. 인류에게 전하는 편리함과 경제적인 가치는 계산하지 못한다. 〈모나리자〉 그림이 성을 장식하고 있다. 〈최후의 만찬〉도 보인다. 선구 예술인의 혼을 짧은 시간이지만 조금이라도 느낄 수 있음에 행복해 한다. 여행의 매력은 이런 것이 아닐까. 자연을 접하고 신세대의 문화를 체험하지만 앞서간 사람들의 업적을 되새김함으로 여행의 정점이 된다.

육각형에 가까운 모형의 국토, 3면이 바다인 나라, 지중해와 대서양 사이의 나라로 유럽의 중심이 되는 나라의 고성에서 옛 역사를 어렴풋이 알게 되며, 들녘의 초원을 걸어보기도 하는 산책의 길에서도 머무르기도 한다. 생 발효 치즈 맛을 보게 되고 와인의 맛에 중독되는 며칠의 여정을 백 프로의 활용은 못하지만 여행을 다녀왔다는 것은 《프랑스》라는 책을 한 권 읽는 보너스가 아닌가. 경험과 추억은 공존하면서 가슴 떨리게 한다. 스트라스브루, 낭시, 니스, 칸, 마르세유, 틀루즈, 보르도, 낭트, 브레스토 등등 유명한 도시이름들이 생각난다. 곳곳마다 유명세를 가지고 있는 도시들, "세계는 넓고 할 일은 많다."처럼. 여행 할 곳이 많은 것이 복이 되기도 하고 바쁘기도 하다.

구글어스로 세계 구석구석 여행할 수 있다 해도 발품 팔면서 하는 여행을 하고 싶다. 여행은 영상으로 보는 여행이 아니라 머무르는 곳에서 토속 음식도 먹어보는 경험을 하고 싶다. 세계는 한 지붕이다. 한 지붕 밑이 내 집이 될 때까지 발품을 팔고 싶다.

이 글을 쓰는 동안에도 떠나고 싶다. 여행을 떠날 때는 여러 가지로 발목을 잡는다. 떠나지 못하는 이유가 더 많음이다. 가족은 내가 늘 옆에 있어주기를 바란다. 이런저런 이유로 미루다보면 실행할 수 없는 평범한 일상을 살게 된다. 용기가 필요하다. 여행을 하고 싶은 이유가 확실하며 무조건 떠나야 한다. 나 역시 프랑스 중세도시 고성을 지금 볼 수 있는 기회를 놓치면 언제가 될는지 기약하기 어렵다는 조바심으로 용기를 내서 다녀왔다. 다녀와서 보니 가정과 사업장은 잘 운영되고 있다. 괜한 걱정을 혼자 한 것이다. 남편은 친구에게 말하기를 "혼자 즐거우면, 같이 사는 사람이 불편하다."라고 강조하지만 조금은 이기적이어야 된다. 2020년은 코로나 19로 사회는 여행의 침묵기간이 되었다. 일상이 침체되어 있다. "이 또한 지나가리라"는 희망을 가진다. 암울한 시간이 지나면 화려한 시간이 온다. 지나온 이야기들을 공유하면 내일을 기다린다.

여행지는 희망의 공간이다. 좋아하는 일을 하지 않으면 마음병이 난다. 프랑스 여행을 다녀 온 얼마간은 있는 듯 없는 듯 산다. 발병하기 전까지이다. 저축을 하는 일은 여행경비로 쓰일 예산으로 저축한다. 희망을 지닌 사람은 얼굴 표정이 다르다. 언젠가는 이루어지리라는 희망 메시지는 에너지가 된다. 좋은 여행지를 친구들과 공감하며 같이 떠날 예비여행객을 결성 중이다. 여행을 잘 하는 사람이 더 하고 싶어 하는 욕심이 있다. 여행의 마력에 공감한다.

chapter 6

꿈의 공간

살면서 나약한 마음이 들면서 자신감이 없을 때가 있다. 계속 추락하는 경험을 하게 된다. 자신감의 상실, 체념, 부정적 사고로 이유를 제시하며 할 수 없음으로 계속 몰아가게 된다. 어느 시점에서는 왜 이러지 브레이크를 걸게 되지만, 정도에 따라 완전 추락하든지 아니면 '이건 아니잖아' 반발하면서 다시 생각을 재정비하며 긍정의 마인드로 컨트롤하게 된다. 이때 힘은 어디서 오는가. 내 인생의 책임의식과 주인의식에서다.

어떻게 살든 삶의 주인은 나이기 때문이다. 누구도 대신해 주지 않는 불변의 진리이다. 후배가 묻는다. 친정오빠에게 돈은 빌려주고 받지도 못했다. 친정아버님은 많이 편찮으셔서 간병을 해야 한다. 가게 일도 바쁘다. 남편에게 미안한 마음에 늦은 대학원 생활을 그만두고 싶어 한다. 남편을 사랑하는 마음과 남편의 수고를 덜어주고 싶은 마음이다. 숱하게 자문자답을 했다.

'지금 학교를 그만두면 다시 하기 어렵다. 다른 일에 시간과 에너지를 낭비하지 않고 있잖아. 근검절약하면, 자영업으로 열심히 일하면 가정 살림 야무지게 살며 두 아이들도 잘 키우고 있지 않느냐. 자기계발에 힘쓰는 모습이 참으로 아름답기까지 하는데 대학원을 그만두는 일은 지금 힘들더라도 나중을 봐서는 너무 마이너스 되는 일이다. 이때 편안한 결정으로 힘들면 좀 쉬었다가 안정되면 다시 하자고 미룬다면 과연 그 시기가 다시 올까. 다른 일이 또 기다리고 있다.'

56세에 대학을 진학했다. 감히 생각지도 못한 일이 현실이 되었다. '대강 살지 뭐 그리 바둥거리니. 꼭 대학을 가야 하니?' 스스로 물었지만 결론은 역시 늦게라도 꼭 하고 싶은 일이었으니 하자였다. 입학 오리엔

테이션에서 컴퓨터로 입학에 관련된 서류를 작성한다. 입학 관련서류를 확인하고는 컴맹이라서 암담했지만 옆 신입학우님께 물었다. 컴맹이다. 무식하면 용감하다는 말이 제일로 잘 적응되는 상황이었다. 많은 학우님들의 도움으로 대학입학을 시도했고, 대학 졸업 이후 대학원에 입학하는 호사를 누렸다.

늦은 나이에 학교를 가지 않아도 시간은 흘렀다. 시간은 누구와도 상관없이 우주의 원리로 계속 흘러간다. 흐르는 시간 속에 작은 수고가 나의 삶을 충만함으로 채워주었다. 포기하지 아니하는 마음은 언제나 무엇이든 할 수 있음이다.

꿈은 꾸는 자만이 할 수 있는 미래의 약속이다. 꿈은 누구나 꿀 수 있는 자유로움이다. 이 자유로움이 나를 만드는 조건이며 에너지이다. 늘 일상의 꿈이 현실로 전진하고 있다.

꿈이 없다면 어떤 모습일까. '하루 뭐하지. 오늘은 누구랑 시간 보내지' 하다가 시간의 고마움을 길거리에 흘려버렸을 것이다. 스스로 꿈을 계획하고 실행하는 자세로 이어진다면 허전함에 곁을 내주지 않는다. 많은 꿈 중에 하나라도 현실화되면 삶의 보람과 이어진다. 꿈을 꾸기만 하는 것이 아니라, 꿈을 이루고자 하는 행동하는 변화된 나를 시도한다. 돈을 벌고 싶은데 돈 버는 일을 하지 않고, 책을 쓰고 싶은데 하루에 한 줄도 쓰지 않는 이런 꿈은 현실성이 전혀 없는 하나의 망상이다.

꿈을 꾸는 이유는 이루고자 하는 데 목적이 있다면 손으로, 눈으로 보여지는 결과를 내고 싶다. 작은 꿈이 이루어지면 다른 꿈에 도전하게 된다. 꿈이 많을수록 삶에 충성을 다하게 된다.

50대 대학을 가다

구약성서에 나오는 요셉은 꿈이 현실이 되어 그를 팔아넘긴 형제와 아버지를 만나게 된다. 염원하는 일이 이루어지는 결과이다. 팔려가서 온갖 고생을 다한 그가 보디발의 재정담당관이 되었다가 흉년이 들어 곡식을 사러 온 형제를 만나게 된다는 꿈쟁이 요셉의 이야기이다. 성경공부 시간에 많이 들었던 이야기이다. 요셉에게 부모와 형제들을 만나고 싶은 꿈이 없었다면 다른 모양으로 생활에 익숙해져 버렸을 것이다.

만약에 내가 늦은 나이에 대학이라니 어불성설이야 하고 포기하고 현실에 안주했다면 새로운 환경을 만나지 못했을 것이다. 물론 좋은 학우들은 더더욱 만나지 못했을 것이다. 좋은 분들을 참 많이 만났다. 오리엔테이션 때 옆자리에 앉은 학생 이봉걸 님의 도움을 많이 받았다. 졸업을 하고 많은 시간이 흘렀다. 지금은 같은 산악회 회원이 되었다. 학교의 동년배로 사회에서는 인생의 선후배로 많은 도움을 받고 있다.

가난은 참으로 불편했다. 가난은 의식주를 먼저 해결해야 하니 대학까지 갈 경제적 여유가 돌아오지 않는다. 당연 빨리 여상 졸업하고 취직해 돈을 벌어야 한다. 대학진학은 아예 처음부터 운명적으로 포기한 상황이다. 엄두도 낼 수 없는 형편임을 알았다. 사각모의 꿈은 50대 후반이 되어서야 학교의 문턱을 들어서게 했다. 나이가 제일로 많은 학생이었다. 부끄러움보다 졸업을 할 수 있을까에 더 염려가 앞섰다. 주위의 시선을 무시했다. 시선을 의식했으면 포기했을 것이다. 4년은 잠깐이다. 삶의 시기를 80으로 봤을 때 4년은 아주 짧은 시간이었다.

대학생활은 행복한 일로 이어진다. 먼저 취업준비를 하지 않으니 스트레스 받을 일이 없다. 열심히 놀고 학점 관리 잘 한다. 교수님들의 강의 잘 듣고 지식과 지혜를 축적한다. 좋지 않은 점은 낮에 일하고 밤에 공부하니 많은 공부를 할 수 없음이다. 독서를 많이 하지 않은 생활이다 보니 어휘력, 이해력이 떨어진다. 넋 놓고 있을 수 없으니 열심히 진도 맞추면 따라가려니 스트레스 아닌 스트레스를 받게 된다. 그 스트레스는 행복한 긴장감이 되었다.

첫 인터넷 강의 시험에는 우리 반 전체 학우님들과 PC방에서 가서 같이 시험을 치렀다. 다들 대학의 시험에 적응하시 못한 신입생으로 어떤 시험의 방법이 학점관리에 도움이 될까 하는 염려이다. 같은 배를 탄 학우님들 전부 무사히 4년 후 졸업하는 일이다. 한 사람이라도 졸업을 하지 못하는 일이 없어야 한다는 무언의 약속이 만들어진다.

대학 졸업만이 목적이 아니라, 대학생활의 즐거움도 놓치지 않았다. 야간 수업이니 수업하기 전 먼저 해질 무렵 교정을 걷는다. 행복한 워킹이다. 만나는 학우님들과 인사도 행복이 된다. 교수님의 강의가 재미있다. 21세기의 정보를 주면 귀가 솔깃해진다. 증권의 미래 전망을 하는 시간에도 귀가 솔깃하다. 재테크의 정보를 주니 자세의 흐트러짐없이 경청한다. 정치를 이야기를 할 때는 항상 중립을 이야기한다. 학생의 성향이 다르기 때문에 어느 정당을 응원하는 편파적인 강의는 바로, 교수님 '그것 아니죠' 공세를 받게 되니 교수님은 당연 중립의 자세를 지킨다. 나라 걱정하는 국민의 마음을 정치인들은 얼마나 인지할까. 교수님 명강의는 삶의 멘토가 된다. 교수님은 여러 성향의 학생들에게 당부한다. "사회에서 어떤 일을 하고 있었던지 학교에 와서는 학생입니다. 학생의 신분을 지켜주시기 바랍니다." 조직과 질서의 테두리 안에서 잘 적응한다. 나이와 상관없는 학생신분이다.

중국 강서대학교와의 교류로 학교를 방문했다. 대학생활의 경험과 체험이다. 과대표는 영어로 주제를 발표한다. 부러움과 대견함이 동시에 느낀다. 과대표는 저 정도의 실력을 갖추어야지. 학과의 대표 인물의 지지도이다. 학술세미나는 성공적으로 마무리하며 저녁만찬 시간이다.

중국요리의 맛 잔치이다. 보지도 못한 요리들이 들어온다. 강서대학교 유학생이 우리학과에 유학 중이다. 그래서인지 대접이 후하다.

아프리카 가나의 한 유학생이 한 마리 채로 먹는 긴 장어요리는 우리에게 혐오감을 주지만 가나 유학생은 우리에게 사진을 찍으려니 포즈까지 취해 주면서 즐긴다. 먹기 좋게 토막을 내어 먹으면 우리도 장어를 먹을 수 있다. 한 마리를 그대로 먹는 모습에 기겁을 하지만 장어 생긴 모습 그대로 만든 음식이지만, 가나 학생은 장어의 맛을 자기만의 방식으로 즐긴다.

관광으로 가는 중국이 아니라 학교의 학술세미나로 가는 중국행은 한 번도 해보지 않은 경험이었다. 늦은 대학생활에 덤으로 주어진 복이다. 꾸지 않는 꿈은 이루어지지도 않을뿐더러 시작이 없다.

21세기의 경제성장은 사회를 많이 변화시켰다. 대학을 가난 때문에 못 가는 이유는 대폭 감소되었다. 이제는 대학의 진학이 아니라 글로벌화로 얼마나 사회에 기여하느냐의 세계 속에서 내 꿈을 얼마나 유익하게 크게 펼칠 것인가를 고민하게 된다. 가난은 불편했다. 불편함이 해결되면서, 우리는 근면과 성실함으로 나를 성장시키고 나라를 부강하게 하는 에너지를 공부하고 축적하게 되었다. 내가 잘 사는 일이 나라가 잘 사는 일이며 이웃에게 나눌 수 있는 재능기부의 조건을 갖추게 되었다.

풍족함에서 오는 행복보다 절박함에서 오는 행복의 진가는 훨씬 높다. 늦은 대학생활은 바쁜 시간 중에도 즐거움이 되었나. 꿈을 꾸지 않았다면 학부의 즐거움을 누리지 못했을 것이다. 가로등의 불빛이 환하게 마음까지 비출 때 가로수를 따라 걷는다. 대학의 낭만을 밤에 즐긴다. 커피 한 잔 손에 들고 옆 짝지랑 소곤거리는 이야기는 살아가는 생활의 이야기이지만 스트레스를 날리는 이야기이다.

주경야독이니 시험을 대비해 미리미리 공부를 조금씩 해둔다. 시험 기간에 공부를 하지 못할 이유가 발생하면 시험을 망칠 우려가 있다. 학점관리 못하면 졸업하지 못하는 불상사를 미리 걱정하면 시간 안배를 잘 해야 하므로 시험공부는 미리 해둔다. 처한 시간에는 책임감 강한 학생이 된다.

독서를 하지 않은 결과는, 어휘력과 이해력의 부족으로 난처한 시험장에서의 일이 발생한다. 인터넷강의 시험 문제는 '그리스 철학에 대해서 논하라'이다. 어느 정도 이해를 하고 가니 잘 쓰겠지 했지만 고시장에서의 긴장으로 도저히 쓸 수 없는 지경이 되었다. 간신히 시험지의 반 분량 정도 메우니 더 이상 진전이 없다. 경험으로 다음 시험 준비는 완벽히 이해하고 수단방법을 다 쓰니 시험지 전체를 메우는 좋은 결과를 냈다.

하루 공부하면 다음날 잊어버리는 좋지 않은 머리를 가졌지만 콩나물이 물을 계속 먹고 자라듯이 잊으면 또 공부하고 계속 반복 작업을 했다. 대학을 졸업하고 대학원을 다닌다. 과정의 뿌듯함과 나를 놓아주지 아니하고 괴롭히는 일이 나쁘지 않음을 알고 있기 때문이다. 옛 어른들은 하시는 말씀 "젊었을 때 해. 노는 일도 공부도. 돈 버는 일도" 라는 이 말은 진리이다. 그 진리는 나이 들어 알게 된다. 나이 들었다고 포기하며 시간을 잡아먹는 삶을 사는 걸 아무도 바라지 않을 것이다. 더디 가고 잘 기억하지 못하더라도 꿈은 늘 가지고 살고 싶음이다.

"내일 죽더라도 사과나무 한 그루는 심는다."는 마음이다. 꿈의 공간에서 헤엄치다 보니 수영을 잘 하지는 못하지만 기본기는 배우게 된다. 바다에서 빠져 허우적거림은 면하게 된다. 꿈은 나를 살지게 하며 살아가는 행복과 재미를 만들어 주는 구심체가 된다. 꿈은 나를 키워주는 계기가 된다. 꿈을 크게 가져보는 일은 크게 이루어지는 결과를 낳을 수 있다. 능력 있는 재주꾼들이여 큰 그릇에 꿈을 담아 보자.

버킷리스트에 담아둔 대학생활의 꿈이 이루어졌다. 만약에 지금 나이 20대라면 꿈을 100개쯤 적고 싶다. 아직도 몇 가지 더 꺼내어 이루어야 할 꿈이 있다.

늦었지만 대학생이 되어 교정을 걸어보고 싶은 꿈이 이루어졌다. 급하게 달아오르는 불길보다 꾸준히 채워나가는 버킷리스트를 가진 사람도 있다. 빠름이 좋음이 아니라, 느림도 쉬지 아니하면 정상에 오르게 된다. 결과도 중요하지만, 하고 싶은 일, 좋아하는 일을 하면서 과정의 즐거움을 누리는 뿌듯함과 행복감이 꿈을 가지는 이유일 수 있다.

꿈을 가지고 그 일에 집중하게 되면 우울한 시간이 없다. 우울증이 다가오더라도 가까이 갈 틈새가 없다. 달아난다. 왔으면 빨리 퇴치하는 법을 알게 된다. 꿈은 삶의 힘든 부분을 참을 수 있는 치료제 역할을 해준다. 치료제 몇 개쯤 가지고 사는 일은 첫 번째 나에게, 두 번째 가족과 함께함이 된다. 하나를 가지면 하나를 더 가지고 싶듯이 꿈이 많은 사람은 꿈을 더 가지려고 노력한다. 꿈 부자는 시간이 흐르면 현실 부자가 되어 있다.

꿈이 헛된 망상이 아니라 이루려고 하는 노력의 공간이다. 꿈을 꾸면 꿈의 절반이라도 가게 된다. 여상 졸업 후 꾼 꿈이 56세에 이루어졌다. 용기를 심어주고 삶의 방향을 잡게 한다. 나태하지 않게 한다. 게으름이 삶에 아무런 도움이 되지 않음을 일깨우게 된다. 꿈이 없으면 살맛이 나지 않는다. 싱거운 음식처럼.

책읽기에 빠진 여자

여러 가지 일에서 재미를 찾으면 어디에서 찾을까? 경험에서 찾은 것은 책읽기이다. 이런저런 놀이문화를 얼마쯤 하고 나면 싫증이 난다. 책읽기는 무한이다. 읽을수록 더 빠져드는 것이 독서다. 책 속에서 소개하는 책을 또 보고 싶어 소개하는 책을 얼른 인터넷서점을 통해 구매부터 한다. 다 읽지도 못한다. 사재기 수준이다. 다른 책이 보고 싶으면 읽고 있는 책을 옆으로 돌려두고 다른 화제의 책을 보게 된다. 하나의 책을 마무리하지 못하는 불상사를 낳지만 어서 읽고 싶은 욕심에서 생겨나는 증세가 된다. 문제는 분명 읽었는데 책의 내용은 얼마 지나지 않아 손에서 모래가 손가락 사이를 빠져나가듯 술술 어디로 빠져나가는 것이 큰 문제이다. 큰 고민을 책을 많이 읽는 작가님에게 하소연하니 몇 번을 읽느냐고 묻는다. 사부 작가님께서는 한 번 읽고 다 읽었다고 교만을 떠니 그렇단다. 몇 번이라도 반복하면서 내 것으로 만들라는 작가님의 조언을 새긴다.

독서하는 방법을 바꾸어 먼저 읽으면서 중요한 부분을 초서를 한다. 당연히 읽는 속도는 느리다. 다 읽고 나면 초서한 내용을 컴퓨터에 옮기면서 다시 읽는다. 기록장을 만든다. 한 번 읽고 넘겨 내용들이 다시 새기면서 반복이 되니 그나마 몇 문구는 머릿속에 저장된다.

중용에서 "남이 한 번에 가능해도 스스로 백 번을 행하며, 남이 열 번에 능해도 스스로 천 번에 행하라. 그렇게 해 낼 수 있다면 비록 어리석은 사람이라도 현명해지며 비록 약한 자라도 강해질 것이다."

책 읽기 기억력으로 에너지가 소멸될 때쯤이면 이 글을 읽는다. 위로 받으며 책읽기를 계속한다.

유홍준의 《안목(眼目)》 책을 읽으면서 우리나라의 옛 문화를 조금 이해하게 되니 기분이 좋다. 책 읽는 쾌감이다. 한 권 책의 방대한 지식은 문화의 역사를 어떻게 다 알 수 있을까마는 조그마한 지식은 더 알고 싶은 욕구를 불러일으킨다. 관심을 가지게 되고 기회가 되면 그 박물관으로 한 번 찾아가서 직접 작품을 만나고 싶은 욕심도 생기게 된다. 간송미술관을 가고 싶고, 김환기의 미술관을 다녀오고 싶은 작은 꿈들을 간직하게 됨이다. 책을 먼저 읽지 않았다면 지나칠 수 있는 관심 밖의 이야기가 된다.

책 한 권으로 저자의 삶의 이야기를 듣고, 경험해 보지 않으면서 배운다. 시간과 돈으로 따지면 가성비 높은 경제적인 이익이 된다. 경험한 작가의 이야기가 내 삶에서 본보기와 모범이 될 때 그 가치는 이루 말할 수 없을 정도로 고부가가치를 습득하게 된다. 처음에는 이 이야기가 마음에 와 닿지 않았다. 다들 그렇게 말하는가 보다 예사로이 흘려들었지만 책을 다시 읽게 되니 독서광들의 이야기에 공감하면서 여러 차례 읽는 걸 강조하는 이유를 알게 되었다.

책에 길이 있다고들 한다. 경험해 보지 않을 때에는 많이 읽는 '니들이나 읽어라' 관심이 없었다. 책과 친하게 지내고 한 권 두 권을 읽으니 다 읽기 전에 다른 책에 시선이 가고 있다. 빨리 읽고 또 읽고 싶은 욕심이 생긴다.

아침밥을 먹고는 간식을 준비해 남편 출근과 동시에 도서관으로 향한다. 우리 동네 도서관은 꽤 고급스럽다. 인테리어도 고급스럽고 방문객들도 고급스럽다. 커피 값도 천 원이다. 종일 있어도 사용료를 내지 않게 한다. 책 읽는 속도와 집중력도 고급스럽다. 집중이 잘 되도록 실내온도도 책 읽기 좋은 온도로 설정되어 있다. 쾌적한 환경이다.

집에서는 혼자 난방을 하다 보니 난방요금이 증가하고, 계속 들락거리며 냉장고 문을 여니 시간 역시 낭비가 된다. 소모시간이 너무 많다. 경제적이지 않다. 도서관에서는 들락거리는 움직임이 적다. 책대여도 백 프로이다. 우리 집 서재의 책보다 내용과 종류가 훨씬 많아 좋은 책을 언제든 대여할 수 있다. 책읽기는 도서관만큼 좋은 곳이 없다. 책을 많이 읽기 위해서는 다른 약속 시간을 줄여야 한다. 일상적인 일을 다 하고 책을 읽으려면 정말 책읽기가 어렵다. 일을 하다 보면 어떤 날은 종일 책 읽을 시간이 나지 않는다. 독서는 스스로 찾아하는 일이니 강제성을 띠면서 시간할애를 하게 된다. 책을 읽으려고 결심

했다면 다른 일의 중요성을 줄여야 한다.

학생시절 몸이 많이 아팠다. 철분 부족에서 오는 증세로 큰 병이 아니었지만, 당시로는 병명을 모르는 상태에서는 병골이라는 악명을 가지고 있었다. 어떻게나 힘이 없는지 병명도 없이 하루에 밥 한 공기를 먹지 못하고 시간만 나면 누워야 했다. 아무런 일을 할 수 없어 학교 마치고 귀가하며 눕는 일이 제일 먼저였다. 잠만 계속 잤다. 일어나서 학교에 가면 쉬는 시간 10분이 아까워 책을 펴고 공부를 하게 된다. 친구들은 늘 공부 열심히 한다는 이미지를 심어주었다. 그러며 난 속상해 하곤 했다. 어른이 되어 철분 섭취를 잘 하게 되니 자연적으로 병은 달아났다. 이제는 힘이 없어 누워 있는 일은 없으니 책을 읽을 수 있는 시간이 만들어졌다.

때때로 목욕탕을 가고 싶지만, 목욕탕으로 가면 2-3시간은 시간소요가 되기 때문에 이제는 시간을 아끼기 위해 집에서 샤워하는 수준으로 시간을 벌기도 한다. 집안청소도 깨끗이 하려면 시간소비가 많으니 적당한 수준으로 한다. 수면시간을 줄이는 것이 제일로 좋은 방법이지만 잠을 잘 자니 잠과 전쟁을 하게 된다. 시간을 잘 활용하지 않으며 하루 24시간에서 책 읽을 시간은 넉넉지 않다. 한 달에 몇 권 읽겠다. 계획을 세우지만 잘 실천되지 않는다. 계획을 자주 세운다. 무너지면 또 세운다. 눈에 보이지 않지만 세우고 무너지고 또 세운다. 계획을 세우지 않음보다 독서하겠다고 세우는 계획이 책을 조금이라도 읽게 한다.

독서모임에서 일 년에 100권 읽기 프로젝트로 시상으로는 삼십만 원 상당의 선물을 주기로 선조건을 내세웠다. 다 읽지 못하면 50권이라도 읽으려고 노력하지 않겠는가라는 심리이다. 선의의 경쟁을 하면서 읽는다. 처음에는 시상의 욕심이 이제는 책에 대한 욕심으로 바뀌었다. 꿈은 이렇게 만들어간다.

의무적인 책읽기가 이제는 스스로 책 읽는 재미에 빠진 것이다. 임계점이라는 종착역은 어떤 곳일까. 어떤 느낌일까는 나중의 이야기이다. 책의 내용이 재미있으면 책에서 소개하는 그곳을 다녀오고 싶은 욕심에 메모해 둔다. 기회가 되면 여행 삼아 찾아간다. 책을 읽으면서 알게 되는 지역소개와 역사의 흔적들을 보기 위해 떠난다.

손연숙의 《차문화기행》 읽고 전라도 방향으로 2박 3일, 강원도 방향으로 2박 3일 차 기행을 다녀왔다. 책에서 소개하는 대로 일정을 잡아 차의 역사가 있는 지역을 따라 편안하게 여행을 시도한다. 책을 읽지 않았으며 소개받지 않았을 것이고 정보도 없었을 터이다. 차기행의 추억을 평생 가지고 갈 수 있는 많은 이야기를 담아왔다. 차에 관심을 더 가지게 되면 차를 조금은 더 알고 마시게 되었다. 책에서 먼저 살고 간 선인들의 이야기를 들을 수 있다. 기록으로 보는 내용들이지만, 마음의 전율이 일고 교훈이 된다. 추사 김정희는 벗인 권돈인에게 "저는 일흔 평생에 벼루 열 개를 밑창 냈고, 붓 1천 자루를 몽당붓으로 만들었습니다."라는 이야기에 어찌 그냥 읽고 넘길 수 있는 마음인가.

아무런 노력 없이 무엇을 할 것인가. 당대 최고의 문인이지만 결코 저절로 칭송받지 않았음을 알 수 있다. 그들의 이야기를 책을 통해서 보고 느끼면서 우리의 살 길을 찾는다.

IT시대의 교육의 방향은 당연 첨단기기의 사용과 정보의 수용이다. 한 방향으로만 살게 되면 분명 기울이게 된다. 시대의 흐름을 따라가지 못하면 불안한 정서를 가지게 된다. 장기적으로 내다볼 때 초스피드한 세상의 흐름에 뒤쳐지면서 인성은 더욱 불안과 초조함에 짓눌릴 것이다.

이런 시대에 다른 어떤 교육보다 책읽기가 최선이다. 책은 사고와 올바른 길을 제시하고 있다. 선인들의 지혜가 숨어 있다. 책을 읽으면서 판단력을 기르며 인성을 풍부하게 하며, 미래를 바라보는 눈을 가질 수 있다. 당장은 눈에 보이는 공부에 목적을 두지만 미래의 인재는 책읽기에서 만들어진다.

많은 시간을 일상의 일로 시간을 다 보내고 나니 책을 읽지 못했다. 나이 들어서 책을 읽지 않았다는 걸 깨닫고 불편을 느낀다. 독서하지 않은 걸 후회를 하고부터는 마음이 바쁘다. 일찍 일어나서 책을 읽게 되면 기분이 좋지만 늦잠을 자면 짜증이 난다. 식사준비와 집안일을 하고 나면 책을 잡는다. 자투리 시간을 이용해 책을 잡는다.

책을 읽지 않았을 때에는 전혀 생각지도 않은 일이 이제는 책읽기를 조금씩 시작하고부터는 책읽기 재미에 빠진다. 하고 싶은 일이 생겼을 때, 내가 좋아하는 일이 생겼을 때 눈빛이 다르듯이 책 읽는 재미에 빠진 모습은 한편으로는 대견하고 한편으로는 정말 희열을 느낄 수 있을 듯하다는 기대를 갖게 된다. 나이 들어 할 수 있는 일이 생겼다. 뭘 할 것인가 고민하지 않아도 된다. 책과 함께 잘 놀 수 있음이다. 친구들에게 "밥 먹자. 커피 마시자. 운동가자" 하고 보채고 칭얼거리지 않아도 된다. 책 읽을 시간이 많아진다.

책읽기에 빠진 여자는 스스로를 사랑을 하게 된다. 책 한 권에서 얻는 한 줄의 지식이 감사하다. 스스로 체험하지 못했지만 내가 읽는 책에서 주는 교훈과 지식은 내 것이 되어 나의 삶에 대한 방향 제시를 받게 된다.

인쇄술의 발달과 함께 우리가 누리는 호사를 누리고 있다. 책에서 주는 정보를 가지고 여행을 하고, 책에서 주는 좋은 글귀들을 필사하며 삶의 지혜로 삼고, 책에서 주는 문장력이 좋아 감탄하며 그분들의 역사를 알고 삶의 이치를 배운다.

어느 선인의 말씀에 "우리는 선한 일로 이름을 남기지 아니하면 목숨이 다해 죽음과 함께 무덤에 들어가기 전에 그 사람의 이름은 사라진다"는 의미심장한 말을 들을 수 있다. 잘 살기를 바라는 또 하나의 다른 길은 책에서 배울 수 있는 큰 선물이다. 헛되이 듣지 아니하고 새겨 듣는 횟수를 책을 통해 반복할 때 나의 삶이 조금씩 더 내가 바라는 삶의 모습으로 바뀜이다.

기회비용이라는 단어가 있다. 책을 읽으려면 친구를 덜 만나고 자투리 시간을 이용한다. TV보는 시간을 줄인다. 책을 볼 시간을 만들려면 내 시간을 스스로 확보해서 활용하는 지혜가 있어야 한다. 현대인들은 누구나 비슷하게 바쁜 일상을 보낸다. 옛 어른들이 모든 일은 하기 나름이라고 한다. 어디에 더 중요성을 두느냐에 따라 달라진다.

박현근 코치의 독서지도 강의에 따르면 하루에 50쪽씩 읽으면 일주일에 한 권. 일 년이면 50권을 읽을 수 있다. 동의한다. 며칠간 실제로 해보니 깔끔하게 부담 없이 읽을 수 있었다. 시간 없다는 핑계를 하지 않아도 된다. 더 많이 읽는 독서광은 여기서 제외된다. 박현근 코치의 독서법을 이웃에게 나누어주고 싶다. 공유하는 사람이 많으면 책 읽는 사람이 많아진다.

책읽기는 무한 공간을 상상하게 되고, 지식과 지혜를 배우는 보고다. 인공지능시대의 리더를 키우는 교육은 독서를 더 강조한다. 책은 나를 똑똑하게 해준다. 제일 좋은 가정교사이다. 교육비가 저렴하다. 누구에게나 권하는 공부방법이다. 인생 공부도 책 속에 있다. 미래를 사는 방법도 책 속에 있다.

나(我)의 소망은

　우주 속으로 나(我)를 끌어온다면 콕 찍은 점에도 해당되지 않을 정도의 미세한 것에 불과할 뿐이다. 물체로 보지 아니하고 하나의 무기체로 볼 때 나(我)는 이야기를 생성하는 무한의 개체이다. 여기서는 눈에 보이는 개체가 아니라 마음 즉 정신을 보려고 한다. 먼저 정신의 나(我)는 기이하다. 어떤 진정성을 찾았다고 안주하게 되면 벌써 다른 개체로 변해 나 스스로도 이해되지 않는다. 잘 살아 보려고 매 시간마다 정신을 추출이며 나를 만들어가지만 어느새 자아는 뒤처지거나 먼저 달아난다. 달래서 옆에 끼고 있으면 불만이 쌓여 투덜거리기도 하지만 다소곳할 때도 있다. 수시로 변하는 자아는 다루기가 쉽지 않다.

　공손한 사람은 호감을 갖고 귀히 여김을 받지만 건방을 떨거나 교만을 부리면 사람들은 상대의 인격을 파악하고 멀리 달아나고 대하기를 꺼린다.

　자아는 주인의 의식이 요구하는 대로 따라 움직이기도 하지만 언제든 다른 길로 뻗 자세도 지닌다. 자아의 성질은 여러 가지다. 평범함을 좋아하기도 하지만 부지런하기를 좋아하며 잘 살기를 원한다. 포기하기도 잘 하지만 따뜻하게 대하며 사랑을 주고 더 잘 살기를 바라며 주인의 말을 잘 따른다. 자아를 잘 보살피면서 나에게 혼신을 다하게 한다. 다른 환경에서 오는 마음을 상처를 치유해기도 한다.

내 마음의 방이 여러 개 있다는 표현과 같다. 선한 생각과 악한 생각, 긍정과 부정, 갈등과 평화, 배려와 갑질 등의 대립된 여러 생각들이 나를 지배하려고 한다. 하지만 대부분 나의 자아는 주인의 다스림을 잘 받아들이고 착한 자아로 같이 성장하기로 마음을 합쳐 열심히 삶의 최선을 다하게 도와준다. 의지력을 발휘하게 하고, 성취 욕구를 자극하기도 하면서 마음을 다잡게 한다.

나는 여행 예찬론자다. 여행은 다른 환경을 접하면서 시야를 넓게 하고 그 속에서 나를 성찰할 기회를 갖게 해준다. 그리고 여행 후에는 생활에 윤활유처럼 나와 가족 이웃에게 더 부드럽게 대하고 좋은 사람이 되고자 노력한다. 그렇기에 주변에도 적극 여행을 권한다. 시간과 돈에 너무 매달리지 않고 적당한 여행의 방법을 찾도록 돕는다. 이것저것 불평하게 되면 어느 순간에 감사를 모르는 투덜이가 된다. 자아는 이런 투덜이에 해당하는 사람이 되지 말라고 한다. 돈이 없어 여행을 하지 못하면 여행하면 요즈음 농촌마을에는 일손이 부족하다고 돈 벌러 가길 독려한다.

나는 책 읽기를 습관화하려고 부단히 노력한다. 그리고 책 읽기를 통해 배운 지혜를 나누고 싶어한다. 얼마 전 유홍준의 저서 《안목》에서 안견의 〈몽유도원도〉를 일본 덴리 대학도서관까지 가지 않아도 책에서 볼 수 있는 기회를 얻었다. 책읽기는 무궁무진한 지식과 지혜를 가져다주는 최고의 방법이다. 자아는 계속 내가 시간의 주인임을 일깨워준다.

사부 작가님의 삶의 이력은 아주 드라마틱하다. 사업으로 인한 부도에 포기하지 않고 자아를 찾아 책읽기와 쓰기로 성공한 아주 특별한 성공을 이뤘다. 많은 존경하는 책쓰기의 멘토가 되었다. 선천적으로 잘 쓰는 재능을 타고 난 사람도 있지만 책을 많이 읽은 간접경험으로 나 역시 성공의 결과를 만들어낸다. 세계적으로 성공한 사람들의 이야기를 들어보라. 책을 많이 읽은 사람이 돈을 많이 벌거나 사업을 잘 하거나 작가로서도 성공하는 일례가 훨씬 많다. 독서야말로 자아를 성장시키는 지름길이기도 하다. 정신이 부실한 사람은 언제나 바람에 겨가 날리듯 자존감을 찾지 못하고 흔들리기 십상이다.

나(我)의 소망 관리법이 있다.

산을 열심히 다닌다. 산은 건강유지, 체력강화, 마음의 정화 등 몸에 이로운 영향을 많이 준다. 개인의 성향에 따라 몸이 원하는 방법으로 운동을 선택한다. 건강유지를 위해서 산을 찾기도 하지만 주위에 건강을 잃은 사람들도 산을 많이 찾는다. 20여 년 전 암을 선고받고 어던가 매달려야 하는데 마땅히 찾지 못하고 있을 때 산을 만났다. 산에서 암을 치료하는 완치의 경험을 얻었다. 일상에서 받은 스트레스. 숲의 기운으로 개운해지면서 생각이 무념으로 되면서 스트레스와 결별하게 된다. 치유는 저절로 된다. 많은 생각과 고뇌와 고민은 도움이 되지 않는다. 비워진 마음과 몸은 스스로 치유의 길을 찾았다.

세계적인 통용어인 영어를 공부한다. 영어를 하게 되면 글로벌화에 소통이 되는 일만큼 신나는 일은 없다. 천천히 가더라도 영어 하나쯤은 해 두는 게 삶에 얼마나 플러스인가. 여행에서 제일 힘듦은 소통이다. 바디랭귀지는 한계가 있다. 아무리 IT시대라 번역앱이 있다지만 사람과 사람의 대화에를 통해 살아 있는 감정을 느끼고 싶어서다. 영어의 소통은 삶의 방법이 달라진다. 지금 시작해서 언제 사용할 수 있을까 하는 생각을 버리고 나는 할 수 있다는 기대와 희망을 저버리면 안 된다는 데 강세를 두고 실행한다. 힘들고 능력이 떨어지더라도 꾸준히 하나보면 100%는 아니지만, 70~80%에 접근가능하다. 도전에 힘을 모은다. 나(我)를 찾는 걸음걸이의 행보가 된다.

나의 몸은 나에게 요가를 하기를 요구한다. 요가를 하는 시간이면 몸이 기분 좋은 소리를 내는 것을 듣는다. 몸이 내가 사랑을 주는 것을 알아차리고는 기분도 상쾌해지고, 가벼운 몸을 유지하게 해준다. 몸이 건강해야 모든 일을 할 수 있다. 몸에 자신감과 건강으로 이어지면 자아를 성숙시키는 데 몇 배의 성취감으로 와 닿는다. 몸이 기분 좋으니 덩달아 기분이 좋아진다.

요가를 오래하신 화윤 선생님은 꽤 많은 연세이지만 몸이 나비처럼 사뿐사뿐하다. 체형을 자유자재로 움직이는 활동력은 감히 예술이라 할 수 있다. 몸의 주인이 몸을 마음대로 쓸 줄 모른다면 몸의 주인은 손해를 보는 일이다. 내 몸을 내 마음대로를 활용하기 위해서는 많은 노력과 시간을 투자하지 않고는 이루어지는 것이 없다.

차(茶)를 많이 마시고자 한다. 차는 아주 오랜 전부터 동의보감에서 약으로 사용되는 기록도 있다. 차의 성분으로는 몸에 유익한 카테킨(노화를 가져오는 활성산소제거), 데아닌(천연 유리아미노산), 비타민, 사포닌, 불소 등 성분을 함유하고 있으며 효능으로는 성인병 예방, 살균, 해독, 변비 등 이로운 점을 많이 가지고 있다. 몸에 유익한 점이 많은 차를 우리는 놓치고 있다. 오염된 수질, 공기 속에서 사는 우리는 몸에 축적된 좋지 않은 것을 씻어내는 차를 많이 마심으로 면역력을 강화시켜야 한다.

2020년 코로나19로 사회가 침체기이다. 일상이 마비된 거나 마친가지다. 차는 호흡기질환에 무엇보다 좋은 음식이다. 백신이 나오기 전까지는 각자 건강 지키기기를 신경 써야 한다. 정신적인 면에서도 불안한 심리를 차분하게 해주며 차의 성질과 같이 성품도 다듬어간다. 일본에서는 초등학교 급식에서도 차를 마시게 한다. 우리나라에서도 어릴 때부터 차를 마시게는 게 생활화되어야 한다.

공부는 평생 해야 한다고 생각한다. 그래서 나는 뒤늦게 대학을 가고 대학원을 다녔다. 그리고 공부를 생활화하는 습관을 들이기 위해 애쓴다. 하지만 베이비붐 세대와 2000년 세대와의 차이는 현저히 다르다. 어울려 사는 법은 틀렸다가 아니라 다르다는 개념으로 접근한다. 가장 인간적인 기본을 맞추지만 사고의 차이는 자라온 생활환경이 다르다 보니 어쩔 수 없는 차이이다. 가난한 생활에서 자란 세대와 풍족한 세대들과 IT세대들의 사고는 아주 빠르게 변했다. 공부를 재미있게 하되, 누구도 대신할 수 없는 알아가는 즐거움을 만끽하고 싶다는 건 공통된 생각이다.

악기 하나 정도는 다룰 줄 알게 연습하자. 악기는 수없이 많다. 국가별 전통악기를 제외하고 통용되는 악기의 종류는 상당하다. 여러 악기 중 피아노를 하고 싶다. 공연장이 아니더라도 카페나 공간에 피아노 있으면 한 곡 연주할 줄 아는 세련미를 갖추고 싶다.
박수를 받지 못하더라도 피아노를 칠 수 있는 기량을 가지고 싶다. 친구 생일일 때 선물로 생일축가를 피아노로 연주해 주고 싶다. 피아노 연주 실력도 자랑하고 특별한 선물까지 준비했으니 두 가지를 동시에 선물할 수 있다.

폰 사진을 배운다. 카메라 배우기가 수고스러워 핸드폰으로 사진 찍는 법을 배운다. 가족들 친구들 사진을 이쁘게, 작품성 있게 찍고 싶어서다. 잘 찍은 사진에 작품성까지 겸비한 추억사진을 남겨 오랜 시간 보고 싶다. 여행에서도 잘 찍은 사진은 비교하면서 좋아한다. 대강 작품성 없이 찍은 사진 열 장보다 잘 찍은 한 장의 사진이 더 귀중히 여겨진다. 사진을 통해 가족, 친구에게 즐거움을 주는 일은 나에게도 행복이 된다. 소소한 일에도 순간순간 밝은 표정을 놓치지 않고 찍은 사진을 보면 나 역시 얼굴이 환해지고 행복하다.

버킷리스트를 만든다. 계획 없이 무작정 공부하는 것보다 계획을 나의 것으로 만드는 시간이면 보람이 증가한다. 지금껏 살아온 시간들 역시 나를 찾아 흘려보낸 시간이지만 이제는 성숙의 시간이 되어야 한다. 아직도 양이 차지 않지만 고군분투하는 일상의 생활을 질적 성장으로 키우고 싶다. 자아가 확립된 삶은 어떠한 바람에도 흔들리지 않는다.

특히 나를 소홀히 했다면 이제부터는 나를 챙기면서 사랑해야 한다. 가족을 챙길 수 있는 힘도 건강해야 가능한 일이다. 나의 즐거움과 행복은 가족에게 전이된다. 내가 우울하게 되면 가족도 우울해진다. 모든 에너지는 나로부터 생성된다.

나의 육신과 영혼을 허술하게 쓸 수 없다. 나의 삶은 한 번뿐이다. 내가 머문 시간과 공간에서 내가 할 수 있는 일, 하고 싶은 일을 다 해

보길 권한다. 내가 무너지면 아무런 가치가 없다. 나를 더 사랑하면서 육과 영의 실체임을 알고 잘 다스리면 나와 가족 이웃을 위한 무한한 힘을 얻게 된다. 나와 같이 어울리며 서로 배려하며 나를 만들어가는 시간에 고마움을 표한다.

쓰고 싶은 마음

　무에서 유를 창조해 내는 일은 창작이다. 솜씨가 좋은 장인도 자신의 작품을 만들 때 심혈을 기울인다. 작품의 완성도가 높았을 때 만족한다. 도예가들을 보면 구운 가마에서 몇 점의 완성된 그릇을 선별한다. 선별의 기준을 높으면 그만큼 작품의 가치가 높아진다. 가치를 인정받는 작품은 인고의 노력과 정성이 깃든 작품으로서 인정받는다. 역사 속에 묻힌 예술인들도 당대에 작품성을 인정받기도 하지만 정작 작가는 이 세상에 없을 때 인정받는 일이 허다하다. 흔히들 예술인은 당대에는 외로움으로 살아간다.

　글 쓰는 일 또한 마찬가지이다. 학교 다닐 때 문예발표에 한 번도 나가지 않았다. 당연하게도 글재주가 없다고 생각했다. 책 읽는 일도 없었다. 먹고 사는 일이 먼저여서 책과는 거리가 멀었다. 책 읽지 않았음이 이렇게 절절하게 안타까운 일인 줄 그때는 몰랐다. 나이를 먹으면서 글을 쓰고 싶다는 마음을 가졌지만 창작의 어려움이 벽이 되었다.

쓰고 싶은 일과 쓴다는 일은 확연히 다르다. 마음으로 무슨 일이든지 기와집을 짓고 상상의 세계 속에서 이루어질 듯하지만 막상 결과를 내는 일은 용기부터 내기 어려운 일이다.

탁제형의 《비가 오지 않으면 좋겠어》 책을 읽고 글쓴이의 글재주에 감탄했다. 글로 표현할 수 있는 능력은 어디까지일까. 가슴 밑바닥까지 후비는 한 마디 한 마디는 책 속의 내가 책 속의 주인공이 되는 착각에 빠지게 했다. 알루미늄 수족을 달고 여행 중인 한 남자가 내뱉는 "여행을 하지 않으면 죽을 것 같아서"라는 이 말이 주는 의미에 빠져 헤어나오지 못하게 하는 힘이 있었다. 나도 이런 글을 쓰고 싶다.

힘이 있는 글은 어떤 글일까. 말이라는 것은 기록하지 않으면 언제가 기억 속에서 사라진다. 입 밖으로 전해진 말은 글만큼 전달력의 폭이 크지 않다. 한 사람 아니 몇 명을 두고 하는 강연도 제대로 전달력이 발휘되지 않는다. 글은 기록되면서 독자에게 전해지는 메시지가 무한의 파급력을 지닌다.

이런 글의 힘을 지닌 글을 쓰려고 하니 당연 글 쓰는 일이 쉬운 일이 아니다. 오랜 세월동안 글을 쓴 사람과 초보 글 쓰는 사람들의 차이를 잘 안다. 오랜 시간 속에 축적된 경험과 독서력과 사고의 힘이 모여 하나의 문체를 만들 때 나 아닌 독자들에게 감동을 주는 글이 나온다.

처음부터 잘 쓰지는 못한다. 베스트셀러 작가도 아님을 알면서 잘 쓰기를 욕심내다니 우습다. 사부 작가님은 독서와 매일 글쓰기를 강조하신다. 특히 칼럼 읽되 속독보다 정독하기를 강조하신다. 무엇을 배우든지 연습 또 연습임을 강조하신다. 그래서 글 쓰는 일도 타고난 재주가 아니라 계속 꾸준하게 쓰면 향상된다는 것이다. 잘 쓰고 싶은 욕구를 너무 과장하다 보면 여러 이유를 붙이게 되고 아무런 용기가 생겨나지 않는다. 결국 '난 쓰지 못해'로 결론을 내린다.

기본적인 자세는 너무 잘 하려는 욕심을 버리는 일이다. 다음으로 매일 쓰는 작업이다. 쓰고 지우고 반복하는 일이 글 쓰는 사람의 실력 연마의 한 방법이다. 칼럼을 매일 한 장씩 필사를 해 본다. 안 하는 사람과 하는 사람의 차이는 하루아침에 나누어지는 것이 아니라 시간이 흐르면 그 분야의 책을 많이 읽은 사람과 읽지 않는 사람과의 차이가 나는 것처럼 글 쓰는 일도 매일 연습하고 매일 쓰는 사람과의 차이가 날 것이다.

도서관에서 3년 동안 책만 읽었다는 다독가들. 일상의 일을 모두 뒤로 미루고 도서관에서 책만 읽는다는 일이 그리 쉽지 않다. 어려운 작업이다. 가장으로서, 주부로서 맡은 일들이 널려져 있는 상황이고 보니 책 읽는 일에 집중하는 것은 여간한 각오 아니면 할 수 없는 인내의 일이다.

환경의 악조건에서도 책을 쓰는 작가들이 있다. 쉽지 않다는 현실을 극복하고 글을 쓰는 일이다. 절박함이 있는 사람이 오히려 좋은 글을 쓰는 것을 보게 된다. 흙탕물에서 피우는 연꽃을 보듯이 시련 속에서 좋은 글이 나오게 된다. 장르별 좋은 책은 독자들이 찾는 선물이 된다.

작가란 글 쓰는 사람이다. 직장인은 매일 회사로 출근을 한다. 자영업자도 장사를 하기 위해 아침 출근을 한다. 작가도 매일 글을 쓰는 직업을 잘 수행해야 한다. 작가는 글 쓰는 일이 직업이다. 쓰고 싶은 마음만 갖고 정작 쓰는 일은 시간이 나면 써야지 한다거나 오늘은 이런 사정으로 내일부터 써야지 하지 않는다.

쓰고 싶은 마음이 있거든 쓰는 습관을 만들어야 한다. 습관은 사람은 만든다. 하루 하고 다음날 하지 않는 일은 절대 성공할 수 없다. 기본적인 행동개시.

1. 신문의 칼럼을 매일 옮겨 필사를 해본다.
2. 일기 쓰듯이 작은 일의 감동을 적어본다. 예를 들어 친구와의 대화 내용 중 '사랑'이라면 사랑의 종류와 사랑하는 사람과의 관계성, 사랑으로 이어지는 연속성, 결과 등을 적어 본다.
3. 책을 읽다가 마음에 와 닿는 글귀를 옮겨 적어 본다.
4. 여러 번 읽고 싶은 책을 만난다. 이 책은 필사를 해 본다.
5. 자투리 시간을 만들고, 자투리 시간을 이용해 책을 읽는다.

여행을 좋아하시는 선생님이 계신다. 여행에 관련된 업무적인 일을 척척 해낸다. 영어번역 실력도 프로급이다. 이런 실력은 하루아침에 이루어지지 않는다. 대학시절부터 배낭여행과 해외근무 등으로 쌓여진 경력은 타의 추종을 받는 여행꾼이 되어 있다. 시간, 경제적 능력, 건강, 여행에 대한 열망 등 이런 에너지와 합쳐져 전문인이 되었다.

모든 일에는 기간이 필요하다. 일 년의 농사를 보면 씨 뿌리고 가꾸고, 자연의 혜택을 받아 자라면서 성장하고 수확하는 즐거움을 얻게 된다. 양식이 되면 우리에게 행복을 준다.

또 하나는 쓰는 일에만 집착할 것이 아니라 그 과정을 즐기면서 배우는 것이다. 어떠한 공부든 기본기를 강조한다. 마치 요가를 처음 할 때는 몸이 말을 듣지 않는다. 몸은 나무토막처럼 뻐근해 유연성이라고는 찾아볼 수 없다. 시간을 두고 몸의 소리를 들어주니 몸이 유연해진다. 글을 쓰는 것도 습관화하려고 노력한다. 수고로움 없이 손에 잡히는 건 있을 수 없다.

김영하 작가는 편안한 여행에서는 추억담을 들을 것이 없다는 이야기를 한다. 같은 여행지에서 같은 문화와 유적지를 보게 된다. 여행 중에 일어나는 변수는 그 상황에서는 심각하지만 어려움을 해결하고 집으로 돌아오는 비행기에서 회고하는 안도의 한숨은 여행의 스토리가 된다.

그저 얻는 경험은 없다. 수고가 따르며 그 경험이 누적되고 여행의 기술이 숙련되면서 여행의 재미도 점점 늘어나게 된다. 일상에서 체험할 수 없는 이야기들은 여행지에서는 돌아올 수 있는 여유로 상생된다.

글도 마찬가지이다. 잘 쓰고 싶은 마음만으로는 아무런 결과를 내지 못한다. 영어를 잘 하기 위해서 먼저 꾸준하게 공부하듯 글을 쓰는 마음가짐과 노력이 플러스되어야 한다.

쓰고 싶은 마음을 가져본다. 꿈을 갖지 않는 자와 꿈을 가진 자와의 차이는 현저하다. 꿈꾸는 자는 자면서도 꿈을 꾼다. 마음을 다하니 쓰고 싶은 일이 해결된다. 잘 쓰고 못 쓰는 일은 다음 일이다. 쓰고 나중에 고친다. 처음부터 잘 쓰려고 하지 않는다. 고칠 부분이 얼마나 많을까. 당연 옛 이름 있는 문인들도 고민했을 부분이다. 그러니 글을 쓰겠다는 꿈은 당연히 이루어진다.

글 쓰고 싶은 마음을 누구나 가지는 것은 아니다. 실천으로 옮기는 마음가짐도 중요하다. 작심삼일에서 끝나면 또 작심삼일이 될지라도 또 시작하는 애교의 지혜가 필요하다. 익숙하지 않는 일을 하는 것은 쉽지 않다. 그래서 우리는 습관을 중요시한다. 습관이 되면 모닝콜이 없어도 일어나게 된다. 어려운 일일수록 습관을 만들어간다. 책 쓰는 일에 조금씩 익숙해 간다. 일기를 쓰고, 다녀온 곳의 여행소감을 적어보고, 감사일기를 쓰면서 즐거워하는 사람이 되고 싶다.

책 쓰기는 누구나 쓰지 않지만 마음만 먹으면 누구나 쓸 수도 있다. 문예반 학생이 아니었지만, 책 쓰기에 실천하고 있다. 꿈은 클수록 좋다. 반쯤 결과를 내어도 전혀 하지 않음보다 훨씬 가치 있다. 마음을 단단하게 먹으면 행동이 따라가게 된다. 함께 글을 쓰면서 용기를 북

돌아주고, 우리는 할 수 있다는 결의를 공감할 수도 있다. 글을 쓰고, 서로 이야기를 나누면서 행복해지고, 에너지를 충전하는 공감하는 삶을 꿈꾼다.

당신만의 공간에서 삶을 공감하세요

"수 천 년 동안 내려온 한국토종문화를 보존하고 가르치는 토종대학"을 강조한 조용헌 님의 글을 읽고 감탄한다. 각 분야의 장인들의 실력을 지역적인 한계로 멈출 것이 아니라 대학으로 승격해 장인들의 정신과 솜씨를 배우는 평생대학을 설립했다. 누구나 분야의 적성대로 배우고 생활에 활용할 때 우리의 사회는 향상해간다. 나, 네가 아닌 우리의 사회로. 우리나라는 나나 너보다 우리라는 공동의 피가 강하게 흐르는 민족임을 부인할 수 없다. 개인주의가 이타주의로 바뀌고 나눔의 사회로 바뀌어야 앞으로 젊은 세대가 살아가는데 살맛이 나는 사회가 된다. 환경은 오염되고 사람의 인심까지 각박하게 되면 살아가는 일이 그리 즐겁지 않을 것이다. 경제적인 풍요를 갖추었다고 다 잘 사는 것은 아니다.

우리라는 개념은 개체가 아니라 모두의 개념이다. 나의 아버지 어머니가 아니라 우리 아버지와 어머니라는 표현처럼 우리 민족은 오랜 세월 동안 우리라는 공동체 의식이 안전처가 되었다. 우리라는 공동의 관계로 서로 위하는 마음으로 살아가는 사회는 갈등이 덜하다. 갈등이 많은 사회에 살면 개인주의가 되어 나를 먼저 의식하고 나만 잘 살며 된다는 아주 퇴보적인 공동체가 된다.

같이 가는 사회는 발전과 성장의 삶이 된다. 소통이 잘 되는 따뜻한 인간관계를 원하고, 서로 공감하는 사회에서 살고 싶은 마음은 누구나 마찬가지다. 봉사직 단체에서도 집행부가 봉사자들과 서로 의견을 수렴하고 공감하면서 봉사 활동을 할 때 그 단체는 부드럽게 잘 운영된다. 가정과 사회, 학교에서도 소통하고 공감하는 힘을 발휘할 때 그 기운이 전해져서 매끄럽고, 부드럽게 성장하게 된다.

앞서간 선인들의 지혜와 공감하는 배려의 힘으로 역사와 문화를 만들었다. 정치인, 문화를 사랑하는 문화예술인들, 나라 일을 내 일처럼 애국하는 사람들, 진정한 교육자들, 타지에서 국익을 위해 일하는 사람들, 이웃을 위해서, 사회를 위해서 일하는 사람들이 모여 지금 이 위치에 우리는 작은 문제들이 있지만 잘 살아갈 수 사회의 기본 원칙이 된다.

정신문화는 우리가 만들어간다. 기성세대의 몫이 크다. 조용헌 님의 글에서 밝힌 것처럼 우리의 문화에 토종분야를 심어야 한다. 정보화시대, 인공지능시대, IT산업 발전도 중요하지만 정신세계는 더더욱 중요하다.

이미 등록되어 있는 장인과 등록되지 않는 장인이 서로 힘을 합하면 대학 강의는 충분하다.

우리의 교육수준이 높아 사고의 폭도 높고 시야의 폭도 넓어지는 일이니 권장해야 할 일이다. 직장을 다니면서 제2의 취미처럼 발전시킬 수 있는 하나의 재능을 배운다면 생활이 훨씬 행복해진다. 행복하기 위해 우리는 하루의 아주 작은 시간을 할애하여 보자.

서각, 매듭, 염색, 도자, 누비, 판소리, 전통음식, 전통 한옥 짓기, 전통악기 등 수많은 과목의 연수는 미래 산업과 함께 나아가야 할 과제이다. 옛것을 그대로 방치하는 것이 아니라 같이 공유하며 성장하는 계기는 문화의 발전계승이 된다. 인공지능 시대 약 70%의 일거리 줄어든다는 사회에서 우리가 보람을 찾고 즐거워하는 일을 찾아둔다면 얼마나 좋겠는가.

내가 꿈꾸는 사회는 공감사회이다. 서로서로 돕다보면 사회는 자연적으로 아름다운 사회가 된다. 공감하는 사회는 기꺼이 자기를 내어놓는 일이 잦다. 경제적 약자를 위해 가진 것을 내놓는 사회, 지혜로운 사람이 그 지혜로 사회에 유익을 주는 사회. 맡은 바의 기량을 활용해 이웃에게 나누어 줄 때 사회는 공감대가 형성되면 목적하는 바를 이룬다. 꿈의 공간, 서로의 꿈을 가동시키는 꿈의 발전소를 잘 가동해나가면 아름다운 사회가 될 것이다. AI의 인공지능시대에 도래할수록 우리는 더 서로를 포용하고 배려하는 지혜가 필요하다. 경제적 모델인 공유경제(Sharing economy)에서 남는 자원을 서로 융통하듯 사람이 먼저 서로서로 공감하는 마음으로 이어지는 사회는 살 만한 우리의 삶터가 될 것이다.

AI 인공지능시대 과학발전은 사람을 일상을 편하게 할지언정 자연은 순리를 원한다. 세계적으로 자연을 보호하자는 의견은 다들 같다. 코로나19의 팬데믹은 엄청난 불편함을 주고 있다. 그러나 자연과 사람이 잘 사는 사회가 행복한 사회라는 깨달음을 주었다. 더불어 사는 삶의 공간이 얼마나 귀중한 것인지 공감하고, 혼자만의 삶이 아니라 어울려 사는 삶을 하루빨리 되찾기를 꿈꾸고 있다.

아주 작은 느낌의 공감이 많은 결과를 낳는다. 어린이와 같이 놀 때 어린이의 마음으로 같이 놀아주지 않으면 그 어린아이와의 놀이에서 재미있어 하지 않는다. 공감의 힘을 느낄 수 있다. 부모님들의 마음이 되어 주지 않으며 부모님은 섭섭함을 갖는다. 사회생활도 마찬가지이다. 동료들 간의 사이에서도 서로의 의견에 서로 공감표시를 할 수 있다. 어떠한 의견이 옳든, 실행에 옮기기 힘든 상황에도 공감 주는 면에서는 서로 마음이 소통하게 된다. 공감은 나의 생각과 같음이다. 같이 맞추어 주는 동질의 생각과 마음 나눔이다.

사람이 좋을 때는 서로 이해하며 잘 산다. 가족이라도 살면서 갈등이 일어난다. 갈등을 그대로 두면 고립이 되지만, 서로의 마음을 조금만이라도 내려놓으며 갈등을 해소할 수 있다. 이것 또한 공감의 힘이다.

사회와 가정, 단체, 조직의 사회에서 공유되는 공감은 사회를 움직이는 힘이다. 국가마다 그 힘이 강할 때 국가의 발전과 국민의 발전이 기대된다. 가정에서도 누구 한 사람의 힘이 아니다. 가족 구성원의 힘이 가정의 행복이다. 개인으로도 공감된 사회에서 올바른 생활과 개인의 역량을 키워간다.

공감은 나누는 힘이고 같이 가는 배려이다.

《산의 마음을 배우다》 첫 책을 출간할 즈음 나는 대학원에 입학했다. 많은 시간이 흐른 듯하다. 대학원 진학에 대해 많이 고민했다. 가만히 있어도 시간은 흘러가는데 그렇다면 학교에서 시간을 보내야겠다고 결론을 내렸다.

교수님께서도 "잘했어요. 놀아도 학교에 와서 노셔요."라고 말씀하셨다. 그때가 61세였다.

전공은 신설학과인 창업학과이다. 생소한 학과이지만 학생들이 나이가 많은 분들이 대다수여서 제2인생에 관심을 갖고 스타트업을 생각했다. 나이에 개의치 않았고, 젊었을 때 못해본 것을 이뤄보겠다는 꿈을 꾸었다. 과거에 하지 못한 것을 지금이라도 하지 못하며 무덤 속에서 할 수 없다는 각오로 임했다. 단지 하고 싶은 일들이 늦어졌을 뿐이다. 창업이 곧 자영업이 아니어도 된다. 내 인생을 새롭게 살아보겠다는 인생 시나리오를 세웠다.

10살 무렵 인문고전을 읽는 어린이가 있다. 나는 나이 60에 인문고전을 읽으려고 한다.

이지성의 《리딩으로 리드하라》에서 드골은 일기장에 쓴 "하나님이 시여, 나를 위대하게 사용하옵소서." 기도문을 어찌 전율 없이 읽을 수 있는가. 비중이 가는 일을 지나치지 아니하고 혹시 나도 할 수 있을까. 기웃거린다.

로봇이 통닭을 튀기고 커피서빙을 한다. 로봇 호텔이 있다. 로봇이 사람들을 편하게 해 주는 시대가 왔다. 일거리를 잃는다고 아우성 할 것이 아니라 어려운 일을 로봇에게 맡겨야 한다. 그리고 로봇과 더불어 살아가는 AI시대에 나는 뭘 하지 하며 더 의미 있는 일을 찾아야 한다.

쉽지 않다. 우리의 감성을 챙겨본다. 산에는 우리의 손길을 기다리는 나무와 숲이 있다. 바다에는 수산물과 해조류가 있다. 바다자원이 있다. 전문직종에는 로봇이 이용되지만 사람은 감성에 가치를 부여하는 일을 할 수 있다. 로봇이 아무리 강하더라도 사람에게는 사랑이 있다. AI시대는 우리들에게 편리한 시대가 된다. 대신에 사람은 가치 있는 일을 찾고, 사람을 사랑하는 일을 찾아야 한다.

나는 계획을 세우는 일에는 전문이다. 반면에 실천은 제로이다. 정답은 무엇인가. 성공하고자 하는 일을 지금 해야 한다. 책을 쓰고 싶으면 오늘 당장 쓴다.

이은대 작가님이 "우리들에게 오늘 아침 몇 시에 일어났습니까? 일어나서 뭘 했습니까."라는 질문에 "양치질하고 음양탕 만들어 마시고 아침식사 준비했습니다."라고 답한다.

질문에는 책을 쓰는 작가가 되고 싶다면 쳐다보는 시선을 어제와 같게 하지 마라. 어제와 다른 오늘을 만들어라. 오늘이 미래의 나를 만든다. 좋은 선생님을 만나고 멘토를 존경하는 이유를 작은 질문 속에서 찾았다. 오늘에 승부를 건다. 오늘 뭔가 하는 것이 성공이 된다.

《오늘, 나에게 공감》을 출간한 첫 번째 이유는 한 시간이라도 헛되이 쓰지 않으려는 최선의 노력이다.

산행을 다녀오면 종일 체력보다 과한 운동으로 지친다. 그러나 하지 않을 수 없다. 다음날이면 몸과 마음이 좋아지기 때문이다. 좋아하게 되면 건강은 기본으로 유지하게 된다. 건강하게 되면 다른 일을 즐겁게 할 수 있다.

나에게 누군가 묻는다.
"여행이 부귀님에게 뭐예요?"
"여행이 곧 행복입니다."
"그럼 소는 누가 키웁니까?"
"소는 자연이 키워줍니다."
자연이 남편이다.
"남편에게 너무 혹독하지 않습니까?"
"남편이 키우지 못할 때는, 저도 한몫합니다."

《오늘, 나에게 공감》을 출간한 두 번째 이유는 삶의 시간이 길더라도 챙기고 싶은 일은 챙기면서 살자는 것이다.

누구도 해 주지 않는다. 다만 염려는 해 주지만 결과는 스스로의 책임이다.

나만의 공간을 공감으로 잘 이끌면 우리가 삶의 주인공이 되어 있다.

생활 속의 작은 이야기들은 정성의 공간이다. 두 여인이 맨발이다. 한 여인은 요가와 명상으로 다져져 맨발이 아주 자연스럽다. 한 여인은 맨발이 어딘가 거북하다. 억지로 상대방이 맨발이니 나도 한 번 해 보자 따라한다. 어색함이 확연히 나타난다.

익숙해질 때까지 꾸준히 하다보면 스스로의 공간이 만들어져 있다. 아웃풋으로 공감의 공간을 만들기도 한다.

공감의 공간으로 변화된다. 의식의 변화는 모두의 발전이 된다. 행복이 된다. 웃음이 전이되고 건강으로 이어진다. 너도 나도 공감의 공간에서 놀고 싶어 한다. 더 아름다운 공간을 꾸미려 한다. 더 좋은 공간을 찾아 나선다.

남편과 두 아들. 도움 주신 이은대 작가님, 성남주 교수님. 감사의 마음 전합니다.

한 분 한 분 이름을 불러드리지 못하지만 음양으로 응원해 주신 모든 분들께도 감사의 말씀을 전합니다.